# बड़ी बूआजी

बादल सरकार

अनुवाद

प्रतिभा अग्रवाल

राजकमल प्रकाशन

नयी दिल्ली पटना इलाहाबाद कोलकाता

ISBN : 978-81-267-2613-4

**मूल्य** : ₹ 250



**पहला संस्करण** : 1977
**दूसरा संस्करण** : 2014

**प्रकाशक** : राजकमल प्रकाशन प्रा. लि.
1-बी, नेताजी सुभाष मार्ग, दरियागंज
नई दिल्ली-110 002

**शाखाएँ** : अशोक राजपथ, साइंस कॉलेज के सामने, पटना-800 006
पहली मंजिल, दरबारी बिल्डिंग, महात्मा गांधी मार्ग, इलाहाबाद-211 001
36 ए, शेक्सपियर सरणी, कोलकाता-700 017

वेबसाइट : www.rajkamalprakashan.com
ई-मेल : info@rajkamalprakashan.com

**मुद्रक** : बी.के. ऑफसेट
नवीन शाहदरा, दिल्ली-110 032

BADI BUAAJI
*Play by* Badal Sarkar
*Translated by* Pratibha Agrawal

# अनुवादकीय

बादल सरकार की एक और कामदी। आज जब भारतीय रंगमंच पर यौन-विकृतियाँ, उग्रता एवं मारपीट हावी हो रही है, 'बड़ी बूआजी' जैसे शाकाहारी नाटक की सफलता आश्चर्य में डाल देती है। सम्भवत: यह नाटक अभावों का नाटक है, जैसे-व्यंग्य का अभाव, राजनीति का अभाव, उपदेश का अभाव, उग्रता का अभाव, भोंड़े हास्य का अभाव, अश्लील उक्तियों का अभाव। आज की फिल्मों एवं नाटकों में इन सबकी अतिरिक्त मात्रा से ऊबा दर्शक 'बड़ी बूआजी' के सम्पर्क में आकर ताज़गी का अनुभव करता है, अपनी-और दूसरों की भी-विकृतियों से मुक्त हो दिल खोलकर हँसता है। 'बड़ी बूआजी' हिन्दी के उन गिने-चुने नाटकों में है जिनके 50 से अधिक प्रदर्शन हो सके हैं। अनामिका, कलकत्ता द्वारा अप्रैल 1976 तक इसके साठ प्रदर्शन किए जा चुके हैं। रविवासरीय कार्यक्रम के अन्तर्गत ही इसके करीब पचास प्रदर्शन हो चुके हैं और 'बड़ी बूआजी' ने अनामिका के आर्थिक दायित्व और बोझ को बहुत दूर तक हलका किया है। कलकत्ता के अतिरिक्त हैदराबाद, बंगलौर, मद्रास, रानीगंज एवं दिल्ली में भी इसके सफल प्रदर्शन हो चुके हैं।

स्वयं नाटककार की अनुमति से द्वितीय अंक के कुछ अंशों को संक्षिप्त किया गया है। ध्रुवेश, शशांक, राजीव, जगत, अनन्त आदि पात्रों की संख्या कलाकारों की संख्या के अनुसार कम-ज्यादा की जा सकती है-कलाकारों की संख्या कम होने पर एक ही कलाकार दो पात्रों के संवाद बोल सकता है। इसके विपरीत

यदि कलाकार अधिक संख्या में उपलब्ध हों–जिनकी सम्भावना कम है–तो एक पात्र के संवाद एकाधिक कलाकारों को दिए जा सकते हैं। हिन्दी भाषा-भाषी क्षेत्र के लिए नाटक के आलेख में कोई विशेष परिवर्तन नहीं किया गया है। अनामिका की प्रस्तुति में परिवेश, अभिनय एवं वेशभूषा इत्यादि बंगाली समाज एवं परिवार के अनुरूप थे। आवश्यकता एवं इच्छानुसार इसमें परिवर्तन करने या न करने से कोई विशेष अन्तर नहीं पड़ेगा–नाटक की आत्मा वही रहेगी, शरीर भले ही थोड़ी भिन्न साज-सज्जा कर ले।

एक और रोचक अनुभव की बात कहूँ। 'बड़ी बूआजी' में नाटक में नाटक है–एक नाटक प्रस्तुत करने का निर्णय करनेवाले कुछ उत्साही युवक-युवतियों की परेशानियों का यह नाटक है। इसकी समस्याएँ नाट्यदल की समस्याएँ हैं, इसमें उल्लिखित बहुत-सी बातें नाट्य-प्रस्तुतीकरण के दौरान सामने आनेवाली बातें हैं। नाटक देखने और प्रस्तुत करनेवाले दर्शकों एवं व्यक्तियों के लिए जहाँ इस नाटक की बातें एवं समस्याएँ सर्वथा अपनी प्रतीत होती हैं वहीं उनसे अनभिज्ञ दर्शक वर्ग के लिए अर्थहीन। यह अनुभव हमें दक्षिण भारत की यात्रा के दौरान हुआ जब एक बड़े नगर का हिन्दी नाटक खेलने तो क्या, देखने तक का सर्वथा अनभ्यस्त दर्शक वर्ग हमें मिला। उसके लिए 'बड़ी बूआजी' की समस्याएँ, छोटे-छोटे व्यंग्य या हास्य के स्थल सर्वथा अर्थहीन थे, उसके ऊपर से निकल गए। ऐसा अनुभव हमारे लिए प्रथम था और इससे हमने यह जाना-समझा कि विभिन्न शहरों में नाटक प्रस्तुत करने का निर्णय करते समय हमें वहाँ के दर्शकों की रुचि एवं क्षमता को ध्यान में अवश्य रखना चाहिए। नाटक की सफलता-असफलता का स्थूल परिणाम बहुत दूर तक दर्शकों पर भी निर्भर करता है।

**–प्रतिभा अग्रवाल**

# बड़ी बूआजी : निर्देशक की दृष्टि में

श्री बादल सरकार का यह प्रहसन प्रथम दृष्टि में एक सामान्य, निर्दोष एवं मनोरंजन के तत्त्वों से भरपूर नाटक मात्र लगता है। मुझे भी पहले एक-दो बार पढ़ने पर यह ऐसा ही लगा था। किन्तु पूर्वाभ्यास शुरू होने के बाद धीरे-धीरे नाटक की एक-एक परत खुलने लगी और एक सामान्य प्रहसन के स्थान पर एक रसपूर्ण विशिष्ट कृति के रूप में नाटक उभरने लगा।

रोजमर्रे की एक साधारण घटना का चित्रण करते-करते नाट्यकार वैचित्र्य से परिपूर्ण एक छोटी-सी दुनिया दर्शकों के समक्ष ला खड़ी करता है। इस नाटक में बहुत समर्थ या अद्वितीय पात्रों की सृष्टि की गई है, ऐसा कोई दावा नहीं किया जा सकता। बादल बाबू ने अपनी कलम से सबकी नजर में पड़नेवाली, और सहज ही न पड़नेवाली दोनों तरह की मानव स्वभाव की विशेषताओं को मूर्त रूप दिया है। नाट्यकार ने केवल निर्देशक के लिए ही नहीं वरन् पात्रों के लिए भी (यदि उनमें अभिनय की थोड़ी भी समझ और क्षमता हो तो) मैदान खुला छोड़ दिया है। निर्देशक और अभिनेताओं में रस-सृष्टि की जितनी क्षमता होगी, नाटक उतना ही लोकप्रिय बन सकेगा। बादल बाबू ने नाटक में अभिनेताओं के चलने-फिरने आदि का थोड़ा निर्देश दिया है तथापि उन्होंने नाटक में जो घटनाएँ एवं परिस्थितियाँ खड़ी की हैं उनमें पैर फैलाने के लिए पूरी गुंजाइश है, नाट्यकार ने सारे खिड़की-दरवाज़े खुले छोड़ दिए हैं। यहाँ तक कि नाटक के रिहर्सल की एक छोटी-सी घटना के चारों ओर घूमता यह संसार धीरे-धीरे दर्शकों का भी अपना हो उठता है।

अनामिका के तत्त्वाधान में जिस दिन से 'बड़ी बूआजी' नाटक की तैयारी शुरू हुई, सोलह-सत्रह पात्रों वाले इस नाटक की टीम इस प्रहसन के साथ तादात्म्य स्थापित करने के लिए आतुर प्रतीत हुई। इस टीम में अनुभवी कलाकारों के साथ ही पहली या दूसरी-तीसरी बार मंच पर आनेवाले कलाकार भी थे। ये नए कलाकार खुले दिल से निर्देशक की इच्छानुसार अपने-आपको गढ़ लेने के लिए तैयार थे। साथ ही अनुभवी कलाकारों के साथ कदम-से-कदम मिलाकर मुक्त अभिनय का पाठ सीखने के इच्छुक भी थे। नए उत्साही कलाकारों को शिक्षित करने की दृष्टि से 'बड़ी बूआजी' को एक आदर्श नाटक माना जा सकता है, प्रारम्भिक अभ्यास के रूप में यह बहुत सहायक हो सकता है। 'बड़ी बूआजी' के अब तक करीब साठ प्रदर्शन हो चुके हैं। इस दौरान बराबर नए पात्रों को लेना पड़ा है, replacement करना पड़ा है और इस प्रकार अब तक करीब तीस-बत्तीस कलाकार इसमें भाग ले चुके हैं। निदर्शक और अनामिका सरीखी शौकिया नाट्य-संस्थाओं के लिए इस प्रकार का अनुभव अत्यन्त मूल्यवान एवं महत्त्वपूर्ण होता है। देखते-देखते अनामिका की 'बड़ी बूआजी' हिन्दी रंगमंच में दिलचस्पी रखनेवाले बहुत से परिवारों की बड़ी बूआजी बन गईं।

ऐसा कैसे हुआ?

बादल सरकार के निर्व्याज सुन्दर लेखन और अनामिका की उत्तम प्रस्तुति के कारण। बड़ी बूआजी के प्रवेश के पहले ही नाट्यकार उनकी रौद्रमूर्ति दर्शकों के मनःचक्षु के सामने खड़ी कर देता है और इस प्रकार प्रवेश के पूर्व ही उनके साथ स्थापित तादात्म्य के फलस्वरूप उनके प्रवेश के उपरान्त दर्शक सहज ही उनके साथ एकरस हो जाता है। बूआजी का रौद्रमूर्ति से सौम्यमूर्ति में रूपान्तर केवल शम्भू के षड्यंत्र के फलस्वरूप नहीं होता, उसमें दर्शकों का भी हाथ रहता है, वे इस सारी प्रक्रिया के जीवन्त भागीदार बन जाते हैं। अनु और उसके साथियों के इस नाटकीय साहस का अन्त सुखद हो, यह दर्शकों का भी काम्य हो

उठता है, धीरे-धीरे एक-एक करके।

निर्देशक के लिए नाटक की गति को बनाए रखना जरूरी है। नाट्यकार ने प्रवेश एवं प्रस्थान का बराबर निर्देश दिया है तथापि यह निरन्तर आना-जाना नाटक को गतिशील बनाने के साथ ही अर्थपूर्ण भी बनावे, यह जरूरी है, निर्देशक को इस ओर विशेष ध्यान देना चाहिए। अभिनेताओं के स्थूल अंग-संचालन के साथ-ही-साथ उनका सूक्ष्म हावभाव-हाथ-पैर के संचालन के साथ ही चेहरे पर आते-जाते भावों का चित्रण-इस नाटक में नक्काशी का काम करता है, इनका एक साथ संचरण नाटक को समग्रता प्रदान करता है।

दूसरे अंक के दूसरे दृश्य एवं सम्पूर्ण तीसरे अंक में बड़ी बूआजी बहुत थोड़ी देर के लिए सदेह मंच पर आती हैं फिर भी प्रत्येक क्षण उनकी उपस्थिति की अनुभूति होती रहती है। यह लेखन की बहुत बड़ी सफलता है।

नाटक के पूर्वाभ्यास के दौरान फार्स के तौर-तरीकों को अपनाने में कोई आपत्ति नहीं है किन्तु उसकी सीमा निर्धारित कर लेना आवश्यक है। सारे प्रहसन पर यदि फार्स छा जाएगा तो नाटक को निश्चित रूप से नुकसान पहुँचेगा। किन्तु कुछ विशेष प्रसंगों में निश्चित रूप से फार्स का सहारा लिया जा सकता है। फार्स और प्रहसन की भेदरेखा देखने में नजर में न पड़े, दोनों एक-दूसरे में लीन हो जाएँ, यही उत्तम होगा।

नाटक के कुछ पात्रों को गौण मानने की भूल यदि कोई निर्देशक करेगा तो नाटक को बहुत क्षति पहुँचेगी। गौण से गौण पात्र को बड़ी सावधानी से तैयार करना जरूरी है। वैसे तो टीमवर्क हर नाटक की सफलता के लिए आवश्यक होता है तथापि सोलह-सत्रह पात्रों वाले इस नाटक के लिए वह अनिवार्य है। सामूहिक अंग-संचालन की एक-एक रेखा सुस्पष्ट हो, इसके प्रति पूर्वाभ्यास में विशेष रूप से सतर्क रहना चाहिए। यदि कोई कड़ी कमजोरी रह गई तो इस नाटक को अपनी समग्रता में रूपायित करना कठिन हो उठेगा।

पहली नजर में साधारण लगनेवाला यह नाटक अनामिका के तत्त्वावधान में साठ प्रदर्शनों की मंजिल मार चुका है। प्रहसन लिखना और उसको सफलतापूर्वक मंच पर प्रस्तुत करना कठिन काम है। अनामिका के कलाकारों ने इस चुनौती को स्वीकार किया और डेढ़ वर्ष तक कलकत्ता में 'बड़ी बूआजी' की चर्चा को चारों ओर जीवित रखा, यह बड़ी बात है।

कलकत्ता के हिन्दी रंगमंच पर इस नाटक की प्रस्तुति एक महत्त्वपूर्ण सीमा-स्तम्भ बन गई है, इसे स्वीकार करना ही पड़ेगा।

**–शिवकुमार जोशी**

# 'बड़ी बूआजी'

इसको सर्वप्रथम 15 सितम्बर, 1974 को कलकत्ता में अनामिका ने प्रस्तुत किया। निर्देशक थे श्री शिवकुमार जोशी एवं विभिन्न भूमिकाओं में निम्न कलाकारों ने अभिनय किया–

| | | |
|---|---|---|
| अनु | – | ममता चौधरी |
| ध्रुवेश | – | राम अवतार बागला |
| अनाथ | – | जितेन्द्र पोद्दार |
| निताई | – | रवि दवे |
| राजीव | – | मोहन अग्रवाल |
| मिस्टर सेन | – | गोविन्द झुनझुनवाला |
| मिसेज सेन | – | मीरा जैन |
| शशांक | – | राजेन्द्र भाटिया |
| जगत | – | दीपक गुप्ता |
| योगीन | – | आत्मानन्द |
| शम्भू | – | प्रदीप अरोड़ा |
| बूआजी | – | बकुल घोष |
| फूफाजी | – | मोतीशंकर पंचोली |
| मुन्ना | – | रमेश मेहरा |
| मुन्नी | – | वन्दिता साह |
| भाभी | – | विनीता रैलिन |

परवर्ती प्रदर्शनों में मंजुला नाहर, त्रिदीप दुग्गड़, रामगोपाल बागला, विभा जालान, नरेन्द्र अग्रवाल, आदित्य विक्रम, प्रतिभा अग्रवाल, सिन्धु तिवारी, यामा अग्रवाल, केशव डागा, अनुराग झुनझुनवाला एवं राजेन जानी ने भी भाग लिया।

# प्रथम अंक

*नीचे के तल्ले के फ्लैट का बैठने का कमरा। पीछे की ओर दरवाजा, साथ के बरामदे में जाने का। अभी बन्द। बाईं ओर भीतर जाने का रास्ता, दाईं ओर बाहर जाने का रास्ता, पीछे बाईं ओर एक खिड़की है, खुली हुई। खिड़की और दरवाजे के बीच एक दीवान। मंच पर बीच में एक छोटा टेबुल और दो साधारण कुर्सियाँ। एक ओर गद्दी लगी बड़ी कुर्सी। पर्दा खुलने के पहले से ही नायिका की आवाज सुनाई पड़ रही है। पर्दा पूरा नहीं खुलता, दोनों ओर थोड़ी आड़ रहती है। दुर्वृत्त आरामकुर्सी पर आराम से बैठा है, हाथ में बुझी हुई पाइप है जिसे वह पीए जा रहा है। टेबुल पर सिगरेट के टोटों और दियासलाई से भरी हुई ऐश-ट्रे। नायिका टेबुल के पास खड़ी है, टेबुल पर रखा हाथ थोड़ा काँप रहा है। वह स्नायविक उत्तेजना को छिपाने का प्रयत्न कर रही है। किन्तु वह उसके चेहरे पर स्पष्ट है।*

**नायिका** : आपको और कुछ कहना है?

**दुर्वृत्त** : नहीं, जो कहना था कह चुका। अब तुम्हारे उत्तर की प्रतीक्षा गें हूँ।

**नायिका** : प्रतीक्षा करने का कष्ट क्यों करते हैं! मेरा खयाल है कि मेरा उत्तर समझने लायक बुद्धि आप रखते हैं!

**दुर्वृत्त** : तुम्हारा पहला उत्तर मैं जानता हूँ।

**नायिका** : मेरा पहला और अन्तिम सब उत्तर एक ही है–ना। यदि

आपको और कुछ न कहना हो तो...

**दुर्वृत्त :** धीरे, प्रमीला धीरे। अब सचमुच और कुछ कहने का समय आ गया है। मुझे न बोलना पड़ता तो ही अच्छा होता, पर तुम यदि वैसा नहीं चाहतीं तो...*(अचानक स्वर बदलकर)* तुम राजीव को चाहती हो?

**नायिका :** *(चौंककर)* मैं...उससे...आपको क्या?

**दुर्वृत्त :** *(पुनः आराम से)* मुझे...?...मुझे उससे कुछ नहीं, जो है सो तुम्हें ही है। राजीव से मेरा प्रेम-सम्बन्ध तो है नहीं, केवल उसके बाबूजी के साथ कुछ व्यापारिक सम्बन्ध हैं। मैं मित्र की हैसियत से एक बात तुम्हारे कानों में डाल देना चाहता हूँ कि राजीव के बाबूजी के हाथों के साथ पुलिस की हथकड़ी का संयोग होने में यदि देर है तो केवल मेरी एक सही की। समझीं?

**नायिका :** *(बहुत डरकर)* झूठ! एकदम झूठ!

**दुर्वृत्त :** मेरी बात झूठी नहीं है, यह तुम अच्छी तरह जानती हो। हो सकता है राजीव तुमसे यह बात छिपाए, पर उसके बाबूजी की माली हालत से तुम्हें वाकिफ करानेवाले शुभचिन्तक की कमी नहीं होगी। फिर यह बात झूठी नहीं है, इसका, चाहो तो, लिखित प्रमाण दे सकता हूँ। हिसाब सीधा-सादा ही है, मेरा खयाल है कि उसे समझने लायक बुद्धि तुम रखती हो।

**नायिका :** *(दबे क्रुद्ध स्वर में)* जाइए, आप फौरन यहाँ से चले जाइए।

**दुर्वृत्त :** *(बिना जल्दी के)* कह रही हो तो चला जाता हूँ। अगले मंगलवार को ठीक इसी समय एक बार आऊँगा। हो सकता है, इस बीच राजीव या दूसरों के मुँह से दो-एक बातें तुम सुनो। मंगलवार को यदि तुमने दरवाजा न खोला तो बुधवार को राजीव के बाबूजी के बारे में पूरी खबर अखबार में देख लेना।

**नौकर :** *(नेपथ्य से)* बीबीजी!

**दुर्वृत्त :** एक सप्ताह का समय हाथ में है, कोई हड़बड़ी करने की जरूरत नहीं है *(खड़ा होकर)* और यदि पहले ही मन स्थिर

हो जाए तो–शनिवार को रात में शशांक बाबू के यहाँ पार्टी में भेंट होगी ही।

**नायिका :** जाइए।

*स्वर क्षीण होता जा रहा है। दुर्वृत्त एक कुटिल हँसी हँसता हुआ प्रस्थान करता है। नायिका कुछ पल खड़ी रहती है। फिर कुर्सी पर गिर पड़ती है और टेबुल पर सिर रखकर जोरों से रोने लगती है। नौकर का प्रवेश। वेशभूषा नौकर जैसी नहीं है–साफ कपड़े, हाथ में घड़ी, जेब में कलम।*

**नौकर :** बीबीजी! माँ बुला रही हैं। आपको खाने को। चलिए।

*अचानक बहुत से लोगों की हँसी सुनाई पड़ती है। इस बीच पर्दा पूरा खुल चुका है। फुटलाइट के पास मोढ़े पर या जमीन पर बैठे या खड़े पाँच युवक और एक युवती। सबका मुँह नायिका की ओर है। इनमें से एक दुर्वृत्त है, एक नायक और एक और सह-अभिनेता। हाथ में किताब लिये स्टूल पर बैठा युवक प्रॉम्पटर है। एक अभिनेत्री। सभी हँस रहे हैं, नायिका और दुर्वृत्त भी। केवल एक व्यक्ति के चेहरे पर हँसी नहीं है–अवश्य ही वह निर्देशक है। नौकर के सामने आ खड़ा होता है।*

**निर्देशक :** परसों नाटक है, बीच में कुल एक दिन बचा है। आज भी तुम माँ को लड़की खिलवा रहे हो? परसों सबके सामने क्या दुर्गति होगी, समझ रहे हो?

**नौकर :** *(दुर्बल स्वर में)* उस दिन ठीक हो जाएगा निताई दा।

**निताई :** इतने दिनों से तो देख रहा हूँ। जरा-सा डायलॉग है–माँ बुला रही हैं आपको। खाने को चलिए। सो रोज गोलमाल करते हो। कभी माँ को खाने को बुलाइए, कभी माँ खाने जाएँगी–

**नौकर :** इस बार संवाद तो ठीक ही कहा था निताई दा।

*निताई गुस्सा रोककर एक ओर हट जाता है।*

**नायक** : मैं एक बात कहूँ निताई दा! 'आपको' काट दीजिए। केवल कहे कि माँ बुला रही हैं, खाने को चलिए। कम-से-कम माँ कन्या-भक्षण से तो बच जाएँगी।

**निताई** : अच्छा। प्रॉम्पटर, 'आपको' काट दो, दोनों किताबों में काट देना। दूसरी किताब कहाँ गई!

*दो-एक लोग खोजते हैं।*

**दुर्वृत्त** : दूसरी किताब मेरे पास है!

**निताई** : ओ, हाँ। लो प्रॉम्पटर- *(किताब फेंकता है)*

**नौकर** : *(आशान्वित होकर)* एक बार और बोलूँ निताई दा? *(नायिका से)* एक बार यदि-

**नायिका** : मुझसे अब और रोया नहीं जाएगा। कितनी बार रोऊँ? बतलाइए। चार सीन में छह बार रोना-अन्तिम सीन में तो शुरू से अन्त तक रोना ही रोना है। निताई दा ने भी अच्छा नाटक चुना है-काल बैसाखी।

**निताई** : तो मैं क्या करता? एक सौ छत्तीस फ्लैबों में से मिसेज सेन और तुम्हारे सिवा कोई और स्टेज पर उतरने को राजी हुआ? दो स्त्री-पात्र वाले कितने नाटक हैं, बोलो?

**नायक** : जाने दीजिए निताई दा, फिर से मत शुरू कीजिए। इसी काल बैसाखी में ऐसी तालियाँ बजेंगी कि पंडाल उड़ जाएगा।

**नौकर** : *(मौका देखकर)* रोने की जरूरत नहीं है। बस वैसे ही सिर गाड़कर बैठने से मैं-

**निताई** : चलो, कर लो एक बार और। अनु, एक बार सिर गाड़कर बैठो।

*अनु बैठती है।*

**नौकर** : बीबीजी, माँ बुला रही हैं। खाने चलिए। *(बोलकर खूब खुश होकर निताई की ओर देखता है)*

**निताई** : ठीक है। बस, स्टेज पर हँसना मत और न ही विंग्स में मुझे

खोजने लगना। चलो आगे, अब ज्यादा समय नहीं है।

**प्रॉम्पटर :** दूसरा अंक, पहला दृश्य। शशांक शेखर की बैठक। रात आठ बजे। पार्टी चल रही है। शशांक, बनानी, प्रमीला, राजीव, ध्रुवेश और ललित।

*सब लोग मिलकर कुर्सियों को अर्द्ध-चन्द्राकार सजा देते हैं। टेबुल एक ओर रख दिया जाता है। निताई निर्देश देता है। यहीं बात कह दी जाए। राजीव, ध्रुवेश, शशांक, बनानी के एक-एक और नाम हैं, माँ-बाप द्वारा दिए गए-आवश्यकतानुसार बीच-बीच में उनका उपयोग भी होता है। थिएटर करते समय थिएटरी नाम ही ऐसे हावी हो जाते हैं कि उन्हीं से सम्बोधित करने में सुविधा रहती है, कम गोलमाल होता है। अतः इन चारों के मूल नाम को लेकर माथापच्ची करने से लाभ नहीं, विशेषकर जब परसों नाटक होने वाला है।*

**निताई :** प्रमीला *(अनु बैठती है)*, शशांक *(सह-अभिनेता खड़ा होता है)*, ध्रुवेश *(दुर्वृत्त बैठता है)*, राजीव *(नायक बैठता है)*, बनानी-अरे, आइए मिसेज सेन। *(बनानी झूमते हुए जाकर बैठती है)* उस पर नहीं मिसेज सेन, वह ललित की है। आपको ध्रुवेश के पास बैठना है, याद नहीं? *(पिछले रिहर्सलों में निताई बहुत हैरान आ चुका है-अतः आज अतिरिक्त मिठास से यह बात कहता है)*

**बनानी :** *(मुस्कराते हुए)* ओ, हाँ! *(यथास्थान बैठती है)*

**निताई :** ललित! ललित कहाँ है? शम्भू अभी तक नहीं आया? अनाथ, शम्भू को बुलाओ तो।

*पीछे का दरवाजा खोलकर अनाथ का प्रस्थान।*

**निताई :** जरा उस ओर खिसककर, ध्रुवेश की ओर-नहीं-नहीं, उतना नहीं। हाँ, अब ठीक है। शशांक, जरा और घूमकर खड़े हो, हाँ। ललित नहीं आया? खैर हटाओ, शुरू करो, ललित का पार्ट काफी बाद में है। रेडी?

*प्रॉम्पटर को इशारा करके एक ओर हट जाता है।*
*अभिनय प्रारम्भ होता है।*

**शशांक** : आप लोग आज्ञा दें तो मैं एक बात कहूँ।

**सभी** : हाँ-हाँ, जरूर। आउट विथ इट!

**शशांक** : मेरे खयाल में कुछ गाना-बजाना किया जाए तो पार्टी जमे। इसलिए यदि महिलाओं की ओर से-

**अनु** : *(माने प्रमीला)* मुझे आज माफ कीजिए। मेरी तबीयत ठीक नहीं है-हाँ, बनानी एक-

**बनानी** : मेरा गला तो...मैं सच कह रही हूँ-

**ध्रुवेश** : देखिए, गाना शुरू करने के पहले की औपचारिकता यदि थोड़ी संक्षिप्त कर सकिए तो अच्छा हो, गाने का आनन्द ज्यादा देर तक उठाया जा सकेगा।

**बनानी** : औपचारिकता नहीं, मैं सच कह रही हूँ। ठीक है, मैं सुना देती हूँ एक, पर बाद में गाली मत दीजिएगा। कोई यदि ऑर्गन बजाता तो-

**शशांक** : ऑर्गन बजानेवाला तो एक विश्वजित ही है, पर वह न जाने क्यों अभी तक नहीं आया!

*अनाथ का प्रवेश-हाथ में नारियल की रस्सी है।*

**अनाथ** : बाँस गाड़ना पूरा हुए बिना शम्भू नहीं आ पा रहा है।

**निताई** : ऐं?

*सब स्तम्भित होते हैं-एकाध लोग हँस पड़ते हैं।*

**अनाथ** : दो बाँस बाकी हैं। शम्भू ने कहा है-तुम लोग रिहर्सल शुरू कर दो, मैं आता हूँ।

**निताई** : ओ! अच्छा। इधर जाओ तो। रिहर्सल के बीच में ऐसे फट से मत घुसा करो। हाथ में क्या है?

**अनाथ** : रस्सी। *(निताई तब भी देखता रहता है)* नारियल की रस्सी।

**निताई** : वह तो दिख रही है पर क्यों?

**अनाथ** : शम्भू ने रख देने के लिए कहा है, कल सवेरे काम में आएगी।

**निताई :** ओ, उस कोने में रख दो। रेडी? चलो।

**शशांक :** ऑर्गन बजानेवाला तो एक विश्वजित है पर वह न जाने क्यों अभी तक नहीं आया!

*बाहर के दरवाजे से मिस्टर सेन की आवाज सुनाई पड़ती है।*

**मिस्टर सेन :** *(नेपथ्य से)* आ सकता हूँ?

**निताई :** *(दबे स्वर में)* माई गुडनेस!

**बनानी :** *(उत्साह से)* आओ, आओ।

*मिस्टर सेन का प्रवेश। निरीह-से व्यक्ति।*

**मिस्टर सेन :** हें-हें, नमस्कार। लगता है, आप लोगों को डिस्टर्ब कर दिया।

**बनानी :** नहीं-नहीं, अभी तो सेकंड ऐक्ट का फर्स्ट सीन शुरू हुआ है, तुमने कुछ मिस नहीं किया। बैठ जाओ।

**मिस्टर सेन :** हें-हें।

**निताई :** बैठिए मिस्टर सेन! माफ कीजिएगा, उधर नहीं, इधर इस कुर्सी पर आ जाइए, उधर स्टेज है।

**मिस्टर सेन :** वेरी सॉरी! कैसा चल रहा है रिहर्सल? मैं-

**निताई :** ठीक-ठीक। रेडी? शुरू करो।

**शशांक :** ऑर्गन बजानेवाला तो एक विश्वजित ही है पर वह न जाने क्यों अभी तक नहीं आया!

*भड़ाक से पीछे का दरवाजा खोलकर शम्भू का प्रवेश। हाथ में एक बड़ी-सी हथौड़ी है। कमीज के जेब से प्लास झाँक रहा है। पसीने से तर-बतर हाफ कमीज़, जिसके बटन खुले हैं और इस्तरीविहीन पैंट जो नीचे से दो-तीन बार मोड़ ली गई है।*

**शम्भू :** सॉरी! बाँस लगाए बिना आना सम्भव नहीं था। अनाथ भैया, तुम एक बार दौड़कर बाज़ार चले जाओ। सेर भर नारियल की रस्सी लाकर रख लो, कल सवेरे ही जरूरत पड़ेगी। कहाँ बैठना है?

*अनाथ का प्रस्थान।*

**मिस्टर सेन :** *(सहायता करने के लिए उत्सुक)* ऑर्गन पर शायद...

**शम्भू :** ऑर्गन पर?

*निताई मिस्टर सेन की ओर ज्वलन्त दृष्टि से देखता है। फिर ललितवाली कुर्सी दिखलाता है।*

**निताई :** हथौड़ी रखो।

*शम्भू बगल की टेबुल पर हथौड़ी रखता है।*

रेडी?

**शशांक :** ऑर्गन बजानेवाला तो एक विश्वजित ही है। पर वह न जाने क्यों अभी तक–

*बाहर के दरवाजे पर दस्तक। निताई के बोझ का यह मानो अन्तिम तिनका था। बाहर से आवाज–बाबूजी, टेलिग्राम।*

**अनु :** *(उठकर)* टेलिग्राम! टेलिग्राम कहाँ से आया– *(प्रस्थान)*

**निताई :** *(प्रॉम्पटर से दुर्बल स्वर में)* उस लाइन को छोड़कर आगे की लाइन लो।

**अनु :** *(टेलिग्राम लिये प्रवेश)* अभी आई। *(भीतर की ओर प्रस्थान। भीतर से उसकी आवाज सुनाई पड़ती है)* बाबूजी, टेलिग्राम। मैं अभी रिहर्सल में हूँ, बाद में सुन लूँगी किसका है। *(दौड़ते हुए प्रवेश)*

**निताई :** रेडी? बाद की लाइन से लो।

**ध्रुवेश :** विश्वास मानिए, मैं जरूर ऑर्गन बजाता बशर्ते कि उसकी एक भी चाभी की जानकारी मुझे होती। यदि उपस्थित और सब लोग भी एक ही नाव पर सवारी कर रहे हों तो मैं कहूँगा–

*भीतर से घबराए हुए अनु के पिता योगीन बाबू का प्रवेश। हाथ में खुला टेलिग्राम।*

**योगीन :** अनु, बड़ी दीदी आ रही हैं।

**अनु :** *(घबराकर)* बड़ी बूआजी?

**योगीन :** ट्रेन साढ़े सात बजे आ रही है। सवा सात बज चुके हैं–अब तो स्टेशन जाने का भी समय नहीं रहा। फिर भी एक टैक्सी लेकर दौड़ता हूँ, किस्मत से ट्रेन लेट हुई तो– । पोस्टऑफिस कम देर करता और ट्रेन ज्यादा देर करती तो– *(अचानक कुछ ध्यान आता है)* ओ, आइ एम ऑफुली सॉरी, पर बात यह है कि...शायद तुम लोगों को...तुम्हारे इस थिएटर को भी...अनु, तू इन लोगों को समझाकर बतला दे, मुझे देर हो रही है। *(बाहर जाने लगते हैं)*

**मिस्टर सेन :** *(उठकर मुस्कराकर)* नमस्कार प्रोफेसर चैटर्जी? अच्छे हैं न?

**योगीन :** ऐं? ओ, नमस्कार। *(जाते-जाते)* अच्छा हूँ...और आप? *(प्रस्थान)*

**अनु :** बड़ी बूआजी आ रही हैं।

**निताई :** *(विपत्ति का आभास पाकर)* क्या हुआ? क्या बात है अनु?

**अनु :** साढ़े साते बजे।...कितने बजे हैं अभी?

**दो-तीन लोग :** *(एक साथ)* सवा सात। सात सत्रह।

**अनु :** हावड़ा से यहाँ आने में कितना समय लगेगा टैक्सी से?

**दो-तीन लोग :** *(एक साथ)* आधा घंटा। बीस मिनट। पैंतालीस मिनट। क्या कहते हो? बीस मिनट से एक सेकंड भी ज्यादा नहीं। हावड़ा स्टेशन से निकलना, टैक्सी पकड़ना, वह सब? हावड़ा स्टेशन पर आजकल टैक्सी मिलना–*(इत्यादि)*

**शम्भू :** आह! *(सब स्तब्ध हो जाते हैं)* आधा घंटा लगता है। क्यों?

**अनु :** देख रही थी कितना समय है हाथ में *(उत्तेजित होकर बोलती जाती है)* निताई दा, सब गोलमाल हो जाएगा। माने बड़ी बूआजी के आने पर...आने पर क्या, आ ही गईं समझिए... टेलिग्राफ...साढ़े सात बजे गाड़ी पहुँचती है, केवल आधा घंटा समय हाथ में है। निताई दा, अपना सब कुछ मिट्टी में मिल जाएगा–

**निताई :** *(और घबराकर)* क्यों...मिट्टी में मिल जाएगा! क्या कह रहे तो तुम? परसों नाटक है, बीच में केवल एक दिन है–

*दो-एक और लोग भी यही कहते हैं।*

**शम्भू :** निताई दा! *(सब चुप होते हैं। शम्भू अनु के सामने जाकर खड़ा होता है। शान्त किन्तु दृढ़ स्वर में)* अनु, बैठो।

**अनु :** बैठूँ? मैं? पर बड़ी बूआजी–?

**शम्भू :** *(पहले की तरह)* बैठो। *(अनु बैठती है)* हाथ में बहुत समय है। आधा घंटा। जरूरत होने पर आधे घंटे में पूरा स्टेज तैयार किया जा सकता है।...तुम्हारी बड़ी बूआजी आ रही हैं। वे तुम्हारा थिएटर करना पसन्द नहीं करेंगी, यही तो?

**अनु :** केवल पसन्द–

**शम्भु :** *(रोककर)* थिएटर नहीं करने देंगी–यही कहना चाहती है न? *(अनु सिर हिलाती है)* सुनो, *(रुक-रुककर)* तुम्हारे और मिसेज सेन के न होने से, खासकर तुम्हारे इतने उत्साह से राजी न होने से हम लोफरों का यह दल *(हाथ से इंगित करता है। मिस्टर सेन सिहर उठते हैं)* हज़ार इच्छा होने पर भी थिएटर नहीं कर सकता था। हम सबने मिलकर हल्ला-गुल्ला किया है, स्टेज बनाया है, त्रिपाल लगाया है, चन्दा उठाया है, अड़ोसियों-पड़ोसियों को बुलाया है–कहने का मतलब यह है कि सबने आनन्द पाया है, पा रहे हैं और दूसरों को भी देना चाहते हैं। इसमें कोई दोष तो है नहीं! और फिर लड़के-लड़कियाँ एक साथ अभिनय करके रसातल में नहीं पहुँच जाते, यह बात निताई दा ने इतने दिनों के रिहर्सल में प्रमाणित कर दी है। तुम्हारे बाबूजी भी यह बात जानते हैं। आपत्ति करने की कौन कहे, वे तो उलटे बराबर हमें उत्साह दिलाते रहे हैं। ठीक?

**अनु :** *(अपेक्षाकृत शान्त स्वर में)* हाँ, पर...

**मिस्टर सेन :** हाँ, मैं तो रोज ही...*(शम्भू को क्रोधित दृष्टि से देखकर)* नहीं बोलिए।

**शम्भू :** तुम अपनी बड़ी बूआजी को ये साधारण-सी बातें नहीं बता सकोगी?

**अनु :** पर बड़ी बूआजी तो...

*अनु की बात पर लोगों को हँसी शायद आ सकती थी पर इस समय वह स्थिति नहीं है।*

**शम्भू :** बड़ी हैं तो क्या हुआ? बड़ी हैं, इसलिए ज्यादा ही समझेंगी। फिर तुम्हारे बाबूजी हैं तुम्हारी ओर।

**अनु :** *(अब करीब-करीब पूरी शान्त हो चुकी है)* मेरी बात तो सुनिए...मैं सब बतलाती हूँ। बाबूजी...बाबूजी की बात और हैं। पर बड़ी बूआजी को बाबूजी ने कुछ नहीं बताया है...बताने से महाभारत छिड़ जाता। फूफाजी और बाबूजी दोनों बड़े गहरे दोस्त हैं पर बड़ी बूआजी...माने बड़ी बूआजी...समझ रहे हैं न?

**शम्भू :** कुछ-कुछ अन्दाज़ लग रहा है। इसके पहले कभी तुम्हारे बाबूजी को इतना परेशान नहीं देखा।

**निताई :** बड़ी बूआजी आनेवाली हैं, यह पहले नहीं पता था?

**अनु :** नहीं, और कैसे पता होता? लखनऊ में रहती हैं, फूफाजी वहाँ वकील हैं। बीच-बीच में बिना खबर दिए ऐसे टपक पड़ने की बड़ी बूआजी की आदत है। मुझे लगता है-*(तनिक इधर-उधर देखकर)*...लगता है, माँ के जाने के बाद से इस घर का-मतलब मेरे सम्बन्ध में-जरा ज्यादा ही दायित्व-

**शम्भू :** हूँ।

**अनु :** पर-

**शम्भू :** पर बाबूजी समझते हैं। इतनी दूर तक आगे बढ़ जाने के बाद पीछे लौटना कितना मुश्किल होता है, यह बाबूजी समझते हैं। फूफाजी भी हमारा साथ देंगे।

**अनु :** जानती हूँ। भले ही उससे कोई विशेष...पर सबसे बड़ी मुसीबत होगी दादाजी को लेकर।

**शम्भू :** दादाजी?

**अनु :** हाँ, मेरे दादाजी। काशी में रहते हैं। बाबूजी के विलायत जाने के कारण उन्हें बड़ी गहरी चोट पहुँची थी। पुराने विचारों के आदमी हैं। बाबूजी उन्हें बेकार तकलीफ नहीं देते, बहुत-कुछ दबा जाते हैं, उन्हें बतलाते ही नहीं। हो सकता है कि इस बार अपना मान बचाने के लिए बाबूजी बड़ी बूआजी से उलझ जाते पर बड़ी बूआजी का अन्तिम अस्त्र है दादाजी को बता देने का डर दिखाना। बस, यहीं बाबूजी दब जाते हैं। वैसे, बाबूजी खुद भी बड़ी बूआजी से कम नहीं डरते।

**शशांक :** मेरी समझ में नहीं आ रहा है कि एक आदमी-माने एक औरत-माने बड़ी बूआजी से...इतना डरने की...

*बाहर से आवाज सुनाई पड़ती है-योगीन! ...योगीन! घर में एकदम शान्ति छा जाती है। शशांक घबराहट के मारे पीला पड़ जाता है।*

**अनु :** बड़ी बूआजी...जल्दी...

*जल्दी क्या करना है, इस बारे में कुछ स्पष्ट न होने पर भी लोग व्यस्त हो उठते हैं। प्रॉम्पटर एक मोढ़ा हटाने जाता है पर सामने ही बाहर का दरवाजा देखकर मोढ़ा फेंककर भागता है। उसके पीछे ध्रुवेश जाता है। केवल शम्भू शान्त है। वह नारियल की रस्सी समेटकर दीवान के नीचे डाल देता है। उसके बाद दबे स्वर में 'ऐश-ट्रे' कहकर पीछे का दरवाजा बन्द करने जाता है। शशांक अब तक कुर्सी इधर-उधर करके बैठने का इन्तज़ाम करने के व्यर्थ काम में लगा था, अब काम मिलते ही ऐश-ट्रे हाथ में लिये बाहर के दरवाज़े की ओर बढ़ता है-सामने ही बड़ी बूआजी से मुठभेड़ हो जाती है। झट-से ऐश-ट्रे अपने पीछे छिपाकर पीछे हटता है। दो सेकंड बाद बूआजी प्रवेश करती हैं और दरवाजे के पास ही थमकर रुक जाती हैं। एक बार*

*कमरे में उपस्थित लोगों पर अपनी सर्चलाइट-सी दृष्टि डालती हैं। दृष्टि जाकर स्थित होती है अनु के ऊपर। बूआजी के प्रवेश के रुआब में सब ऐसे अभिभूत हो गए थे कि उनके पीछे हाथ में सूटकेस लिये फूफाजी के प्रवेश पर किसी का ध्यान ही नहीं गया।*

**बूआ :** यह रही अनु। मुझे लग रहा था कहीं गलत मकान में तो नहीं घुस आई हूँ। योगीन कहाँ है?

**अनु :** *(प्रणाम करके)* बाबूजी? बाबूजी आप लोगों को लेने गए हैं।

**बूआ :** अच्छा? कहाँ? सियालदाह?

**अनु :** नहीं बाबूजी तो-टेलिग्राम-बोले साढ़े सात बजे गाड़ी आती है-

**बूआ :** गाड़ी दस मिनट पहले आ सकती है, यह ध्यान में न आया होगा। योगीन वैसा-का-वैसा ही रहा। खैर छोड़ो, ये लोग कौन हैं?

*सब लोग तनिक विचलित होते हैं।*

**अनु :** ये लोग...मतलब ये हैं निताई दा...नित्यानन्द मुखर्जी...

**निताई :** नमस्कार।

**बूआ :** *(अनु से)* रहने दे, रहने दे। विलायती तरीके से इंट्रोड्यूस करवाने की जरूरत नहीं है। जरूरत होने पर मैं खुद ही परिचय कर लूँगी। जानना चाहती थी कि ये लोग अड़ोसी-पड़ोसी हैं या-

**अनु :** ये लोग यहीं फ्लैट में-

**बूआ :** यहीं फ्लैट में?

**अनु :** *(घबराकर)* नहीं-नहीं, मतलब इस मेंशन में...इन सब फ्लैटों...माने अलग-अलग फ्लैटों में...बहुत-से फ्लैट हैं।

**बूआ :** समझ गई। पर ये लोग यहाँ...?

**फूफा :** सुनो, तुम-

*बूआजी उत्तर नहीं देतीं, केवल हाथ के इंगित से परम गुरु को बोलने से रोकती हैं।*

**निताई :** हम लोग यहाँ...माने...

**अनु :** *(बहुत घबराकर)* इन सब लोगों को बाबूजी ने चाय पर बुलाया है।

**बूआ :** लोगों को बुलाकर खुद घूमने चला गया?

**अनु :** आप लोगों को लेने–

**बूआ :** हम लोगों को लेने? क्यों, हमें मकान का पता नहीं मालूम था? और लगता है तुम पर इन लोगों की खातिरदारी का भार डाल गया है? *(अनु धीरे-से सिर हिलाकर हाँ करती है)* हूँ...तो चाय-पानी हो गया?

**अनु :** हाँ...नहीं...मतलब...बाबूजी–

**शम्भू :** नहीं...नहीं...चाय हटाइए। हम लोग बाद में चाचाजी से मुलाकात कर लेंगे।

**बूआ :** *(शम्भू को और निमंत्रण के लिए सर्वथा अनुपयुक्त उसकी वेशभूषा को देखकर)* बैठो!

**शम्भू :** मैं–

**बूआ :** बैठो! *(शम्भू हताश होकर बैठ जाता है)* योगीन ने तुम लोगों को बुलाया है। उसके आने पर उससे विदा लेकर तुम लोग जाना। सब लोग बैठ जाओ।

*सब लोग बैठ जाते हैं। केवल शशांक हाथ में ऐश-ट्रे होने के कारण बैठने में हिचकिचाता है।*

तुम भी बैठो।

*शशांक जल्दी से बैठ जाता है–ऐश-ट्रे पर ही।*

अनु, तुम जाओ, जाकर चाय बनाओ।

*अनु का प्रस्थान।*

**फूफा :** तुम भी जाओ न भीतर...ट्रेन की थकान है...तब तक मैं इन

लोगों से–

**बूआ :** तुम रुको तो।

*फूफाजी रुकते हैं।*

वहाँ बैठो!

*फूफाजी बैठ जाते हैं।*

तुम्हारा नाम?

**शशांक :** जी शशांक...नहीं–नहीं, शशांक नहीं, किशोर।

**बूआ :** कोई एक नाम चुन लेने का समय तुम्हें नहीं मिला?

**शशांक :** नहीं...माने...शशांक शेखर मेरा...मेरा पुकारने का नाम है।

**बूआ :** पुकारने का नाम जब इतना लम्बा–चौड़ा है तब अच्छा नाम कितना बड़ा होगा, कौन जाने!

**शशांक :** जी, अच्छा नाम है किशोर दत्त, नम्बर चार।

**बूआ :** नम्बर चार? मतलब? यहाँ कितने किशोर दत्त हैं।

**शशांक :** ज़्यादा नहीं। वैसे यहाँ तो मैं अकेला ही हूँ। एक किशोर घोष हैं, डी ब्लॉक में–

**बूआ :** तब फिर तुम नम्बर चार कैसे हुए?

**शशांक :** मैं नम्बर चार नहीं, मेरा फ्लैट नम्बर चार है। मैं सी ब्लॉक में चार नम्बर फ्लैट में रहता हूँ।

**बूआ :** सी ब्लॉक?

**शशांक :** हाँ, सी ब्लॉक। उधर *(यूँ ही एक ओर हाथ से दिखा देता है)* तीन तल्ले पर। सीढ़ी के दाहिनी ओर है।

**बूआ :** अच्छा...*(राजीव से)* तुम्हारा नाम? पता बताने की जरूरत नहीं है, होगी तो पूछ लूँगी।

**राजीव :** जी...मैं...रा...प्रतुल कर।

**बूआ :** राप्रतुल?

**राजीव :** जी नहीं, केवल प्रतुल।

**बूआ :** केवल प्रतुल?

**राजीव :** हाँ, रा नहीं।

**बूआ :** अ...मैंने सोचा आजकल श्री के बदले रा का चलन हो गया। क्या? *(शम्भू को देखकर)* तुम्हारा?

*शम्भू हँसते हुए जाकर बूआजी का चरण स्पर्श करता है, मानो दुलारा भांजा मौसी के घर आया हो।*

**शम्भू :** शम्भूनाथ बंद्योपाध्याय *(फूफाजी को प्रणाम करके)* ट्रेन में तकलीफ तो नहीं हुई? इतनी दूर की यात्रा... लखनऊ से...

**बूआ :** *(पहले चौकती हैं फिर नाराज होकर)* तुम...तुम लखनऊ–

**शम्भू :** *(पहले की तरह)* जी हाँ, लखनऊ। वह क्या यहाँ है? फिर टैक्सी में आना...मारे धचकोलों के...टेलिग्राम ठीक समय से मिलता तो मैं भी चाचाजी के साथ स्टेशन जाता।

**बूआ :** *(और नाराज होकर)* क्यों?

**शम्भू :** वाह, जाता नहीं? इतने दिनों बाद इतनी दूर से आप लोग आए हैं। स्टेशन पर कोई न मिले तो बहुत खराब लगता है। मैं जानता हूँ। पर मैं कहता हूँ, बड़ी बूआजी, टेलिग्राम थोड़ा और समय रहते देतीं तो–

**बूआ :** बड़ी बूआजी? *(एकदम बिफरकर)* तेरी इतनी हिम्मत...

*सब लोग घबरा जाते हैं। शोरगुल होने लगता है। फूफाजी का दुर्बल विरोध सुना ही नहीं जाता। मिस्टर सेन और बनानी बहुत देर से एक-एक इंच सरककर दरवाजे के पास पहुँच गए थे। बूआजी की अन्तिम हुंकार से डरकर एकदम बाहर निकल जाते हैं। प्राय: सभी कुर्सी छोड़कर खड़े हो जाते हैं। निताई मानो शम्भू की रक्षा के लिए दो कदम आगे बढ़ता है। शशांक खड़ा होता है पर ऐश-ट्रे की याद आते ही तुरन्त बैठ जाता है। केवल शम्भू शान्त और हँसमुख बना है।*

**शम्भू :** जी...शुरू में सब गुरुजन लोग मुझसे इसी तरह बात करते हैं। हमारे गाँव के एक मास्टरजी थे। क्लास में आते ही पहले मुझे दो बेंत जमाते, फिर पढ़ाना शुरू करते। बाद में उन्हीं मास्टर जी के घर बराबर मौके-बे-मौके निमन्त्रण

होता मेरा–

**बूआ :** *(चीखकर)* तुम...

**शम्भू :** जी हाँ, मैं। उनकी माँ को जलाया था न मैंने, इसीलिए।

*बूआजी बोल नहीं पातीं, और सब ताज्जुब में पड़ जाते हैं। शम्भू अपनी बात को स्पष्ट करने की कोशिश करता है।*

माने, उनके मरने पर मैं घाट गया था। वह दिन बड़ा खराब था, कोई आदमी ही नहीं मिल रहा था–देखिए न, मैं अपनी ही बात करने में लग गया। आप तब से खड़ी हैं, बैठिएगा नहीं बूआजी?

*शम्भू दो कदम आगे बढ़ता है, मानो हाथ पकड़कर बैठा देगा। अवश्य ही तूफान उठ खड़ा होता है, पर योगीन के प्रवेश से रुक गया।*

**योगीन :** यह रहीं बड़ी दीदी। आ गईं तुम?

*(शूम्भू कुछ निराश होकर पीछे हटता है। फूफाजी को ऐसा लगा मानो डूबते को तिनका मिला है)*

**फूफा :** *(बड़े उत्साह से)* कहो भाई योगीन, क्या खबर है? कैसे हो? हम लोग स्टेशन पर तुम्हारे लिए–गाड़ी में आज एक ऐसी बात हुई–पटना के बाद से–

*बूआजी दोनों के बीच आकर खड़ी हो जाती हैं, फलस्वरूप फूफाजी की आवाज धीरे-धीरे कम होते-होते एकदम रुक जाती है।*

**बूआ :** योगीन, तुमने इन लोगों को न्योता दिया था तो–

**योगीन :** न्योता दिया था? मैंने? नहीं तो!

*सब लोग कोई रास्ता नहीं देख पाते। योगीन स्थिति को सम्हालते हैं।*

ओ...हाँ, हाँ...न्योता दिया था, दोपहर के खाने का।

*सब लोग और निराश हो जाते हैं।*

**बूआ** : दोपहर के खाने का न्योता? पर अनु ने तो कहा कि चाय पर बुलाया है।

**फूफा** : अनु ने कहा कि चाय पर बुलाया है? अनु ने कहा है? *(दृढ़ स्वर में)* बिलकुल गलत, अनु भूल गई होगी।

**बूआ** : भूल गई होगी? दोपहर में तुम्हारा कॉलेज नहीं था?

**योगीन** : था क्यों नहीं?

**बूआ** : तब फिर दोपहर के लिए न्योता कैसे दिया था?

**योगीन** : सो तो है। तब फिर मैं ही भूल गया होऊँगा।

*चाय लिये अनु का प्रवेश।*

**अनु** : बड़ी बूआजी, चाय। बाबूजी, आप इतना जल्दी लौट भी आए?

**योगीन** : टैक्सी मिली नहीं। खड़े-खड़े अन्त में हारकर–

*इस बीच चाय की ट्रे लेकर शम्भू सबको देता है। सबसे पहले बूआजी को। गुस्सा और चवास की लड़ाई में जीत चवास की होती है, बूआजी चाय ले लेती हैं। फिर फूफाजी, योगीन, अनु वगैरह सब लेते हैं। कुछ देर चाय-पान के कारण नीरवता रहती है।*

**शम्भू** : *(चाय की चुस्की लेकर खुश होकर)* आह!

*बूआजी गुस्से से देखती हैं।*

चाय की जरूरत थी न बूआजी?

**योगीन** : *(जल्दी से)* तब बड़ी दीदी, इस बार कुछ दिन रहोगी तो?

**बूआ** : *(शम्भू की ओर से नजर घुमाए बिना)* सोचा था कि एक सप्ताह से ज्यादा न रहूँगी, पर लगता है और रहना पड़ेगा। तुम्हारी घर-गृहस्थी की जो हालत देख रही हूँ, उसे सात दिन में रास्ते पर लाना सम्भव न होगा। उसमें से तीन दिन तो कोन्नगर में ही निकल जाएँगे।

**योगीन और**

**अनु :** *(आशा से)* कोन्नगर में?

**फूफा :** मधु दा ने जब से मकान बनवाया है तभी से आने को कह रहे हैं, पर जाना ही नहीं हुआ। इसलिए सोच रहा हूँ, कल सुबह चला जाऊँ, शनि-रवि वहीं बिता आऊँ।

*आनन्द की दबी हुई अभिव्यक्ति। दुर्वृत्त को खाँसी आ जाती है, निताई बड़े मजे से सिगरेट का पैकेट निकालकर फिर झट से जेब में रख लेता है, अनु की आँखें फैल जाती हैं। केवल शम्भू शान्त रहता है।*

**शम्भू :** ओ हो! मैंने सोचा था-खैर हटाइए! पर लौटकर एक दिन आपको हमारे यहाँ भोजन करना पड़ेगा। भाभी बहुत खुश होंगी।

*बूआ को कुछ सन्देह हुआ था। पर शम्भू की बातों से वह सन्देह दूर हो गया।*

**बूआ :** हाँ-हाँ।

**योगीन :** *(जल्दी से)* हाँ-हाँ, घूम आओ, मिल-भेंट आओ। कोन्नगर जगह अच्छी है। आब-हवा फर्स्ट क्लास। मधु दा ने बहुत बड़ा बगीचा लगाया है।

**निताई :** ए...तो हम लोग अब चलें सर, काफी रात हो गई है।

*सब जल्दी से उठ पड़ते हैं। विदा-ग्रहण का एक समवेत गुंजन सुनाई पड़ता है। यहाँ से मुक्ति पाने की हड़बड़ी में शशांक ऐश-ट्रे की बात भूल जाता है, अतः वह कुर्सी पर ही पड़ी रह जाती है। अन्य सब बाहर निकलने की जल्दी में रहते हैं किन्तु शम्भू बड़े ही शान्त भाव से खड़ा रहता है।*

**शम्भू :** अब आज चलूँ बूआजी! कभी कोई जरूरत पड़े तो बुलवा लीजिएगा। एक तल्ले पर, ठीक इसके ऊपरवाला फ्लैट हम

लोगों का है। सीढ़ी के पास खड़ी होकर शम्भू पुकारने से तुरन्त...*(बुआ के कुछ कहने के पहले ही)* फूफाजी, चलूँ। बात पक्की रही, कोन्नगर से लौटकर आने के बाद एक दिन–

*(प्रस्थान)*

**बूआ :** अनु, बाहर का दरवाजा बन्द करके आ।

*अनु का प्रस्थान। तनिक देर बाद वह आकर एक कोने में खड़ी हो जाती है।*

योगीन, सुनो। तुमसे बहुत–सी बातें खुलासा करनी हैं। अभी सब बातें नहीं हो पाएँगी, हमें अभी निकलना है।

**योगीन :** निकलना है? क्यों?

**बूआ :** मधु बाबू की मँझली लड़की के ब्याह में नहीं आ सकी थी, पर कल कोई चीज साथ में ले जानी होगी।

**योगीन :** तो जाओ, हो आओ। बातें बाद में आराम से होंगी–जल्दी क्या है!

**बूआ :** आराम से कहने को भी बहुत–सी बातें हैं। उसके पहले एक छोटी–सी बात कह दूँ। अनु अब बड़ी हो गई है। घर में इन लोफरों को जुटाकर हो–हल्ला करने की अक्ल तुम्हें किसने दी?

**योगीन :** लोफर क्यों? वाह, वे सब भले लड़के हैं। सब यहीं रहते हैं, आस–पास के फ्लैटों में–

**बूआ :** यहाँ रहने से ही सब भले हो गए? क्यों, यह कोई देव–स्थान है क्या? मेरी अक्ल तो घास चरने गई नहीं है। छोटे मुँह बड़ी बात करनेवाला वह चालू छोकरा–

**योगीन :** किसकी बात कर रही हो बड़ी दीदी?

**बूआ :** तुम्हें आँखें होतीं तो दिख जाता कि किसकी बातें कर रही हूँ। जैसे गंदे कपड़े, वैसा ही अभद्र व्यवहार–मुझसे नाता जोड़ लिया–बूआजी।

**योगीन :** शम्भू की बात कर रही हो, दीदी? अरे, वह यादवपुर का

मेकैनिकल इंजीनियर है। बड़ा अच्छा लड़का है। समय-असमय बहुत काम आता है।

**बूआ :** तब फिर बात ही क्या है! काम आता है। कौन किस मलतब से क्या करता है, यह समझ में आता तो पचीस साल से कॉलेज में मास्टरी ही करते रहते? सब-के-सब एक ही थैली के चट्टे-बट्टे हैं, अपना नाम तक ठीक से न बता सके।

**योगीन :** तुम भूल कर रही हो बड़ी दीदी! ये सब भले घरों के लड़के हैं। पढ़े-लिखे हैं, काम-काज करते हैं। निताई को ही लो-

**बूआ :** निताई कौन?

**अनु :** निताई दा, जो यहाँ पर बैठे थे।

**बूआ :** तू चुप कर तो। बड़ों के बीच में बोलने की जरूरत नहीं है *(अनु चुप हो जाती है)* भले हैं...कौन कितना भला है, सब मुझे मालूम है।

**योगीन :** निताई मेरा पुराना छात्र है। बुद्धिमान लड़का है, सेकंड क्लास ऑनर्स मिला था। हम लोगों को उम्मीद थी कि फर्स्ट क्लास मिलेगा पर बस, थिएटर के नशे ने उसे चौपट कर दिया।

**अनु :** *(सावधान करती हुई)* बाबूजी!

**बूआ :** थिएटर के नशे ने? इसीलिए तो कह रही थी। मैं आदमियों को खूब पहचानती हूँ। थिएटर न करता फिरता तो क्या-

**योगीन :** *(भूल सुधारते हुए)* नहीं-नहीं, पहले करता था, अब छोड़ दिया है। जब कॉलेज में था तब-

**बूआ :** अब नहीं करता, सो तुम्हें क्या पता? करता भी होगा तो क्या तुम्हें-तुम प्रोफेसर ठहरे-आकर बतलाएगा?

**फूफा :** सुनो, देर करने से, दुकानें सब बन्द हो जाएँगी-

**बूआ :** अरे, तो तुम बाहर निकलकर टैक्सी तो रोको, यहाँ हाथ पर हाथ धरे बैठे हो! *(फूफाजी का द्रुत प्रस्थान)* यदि बाबूजी

के कानों तक यहाँ का हाल पहुँचा तो उनकी क्या हालत होगी? सोचा है?

**योगीन :** *(दुर्बल स्वर में)* बाबूजी तक? क्यों वे लोग... वे...मैं...

**अनु :** बड़ी बूआजी, हाथ-मुँह धोइएगा क्या?

**बूआ :** नहीं, आकर धोऊँगी, अभी समय नहीं है। तू यह चाबी लेकर सूटकेस खोल, रुपए निकालने होंगे।

**योगीन :** *(जल्दी से)* सूटकेस भीतर ले जाकर एक साथ ही– *(सूटकेस लिये भीतर प्रस्थान)*

**बूआ :** पीछे के हिस्से में एक बैग है, निकालकर ले आ अनु। मैं तनिक साँस ले लूँ। कल से दौड़-धूप फिर यहाँ आकर यह कांड।

*अनु का प्रस्थान। बूआ बैठती हैं पर दुर्भाग्य से ऐश-ट्रे पर। उछलकर खड़ी होती हैं।*

हे भगवान! *(ऐश-ट्रे उठाकर)* हूँ! भले घर के लड़के! बैठे-बैठे बीड़ी फूँक रहे थे। वह भी मास्टरजी के घर में *(हथौड़ी पर नजर पड़ती है, उसे उठाकर)* सब-के-सब एक नम्बर के उठाईगीरे...

*हाथ में हथौड़ी लिये बूआ एक विशेष मुद्रा में खड़ी होती हैं। ठीक उसी समय पीछे का दरवाजा खोलकर अनाथ का प्रवेश। हाथ में नारियल की रस्सी। बूआ चौंककर पीछे हटती हैं।*

कौन?

*अनाथ भी उतना ही चौंककर घूमता है।*

ए, खबरदार! खड़े रहो!

*अनाथ का एक पैर बाहर, एक पैर भीतर है।*

भीतर आओ!

*अनाथ का प्रवेश।*

पीछे घूमो!

*अनाथ घूमता है।*

कौन हो तुम?

**अनाथ :** जी, मेरा नाम अनाथ है, अनाथबन्धु चक्रवर्ती।

**बूआ :** बरामदे में क्या कर रहे थे?

**अनाथ :** बरामदे में कुछ नहीं कर रहा था। शम्भू ने बाजार से नारियल की रस्सी लाने को कहा था, वही लेकर आया हूँ।

**बूआ :** शम्भू?...ओ, अच्छा वही छोकरा! तो यहाँ क्यों? यह क्या शम्भू का घर है?

**अनाथ :** सब चीजें यहीं रखी गई हैं न, इसीलिए। देखिए न–अरे, और रस्सी कहाँ गई?

**बूआ :** शम्भू ने क्या यहाँ रस्सी की दुकान खोल रखी है?

**अनाथ :** दुकान नहीं। स्टेज के लिए–

**बूआ :** स्टेज के लिए? रस्सी?

**अनाथ :** जी हाँ। स्टेज और पंडाल के लिए। यहीं रखने से सुविधा रहती है।

**बूआ :** स्टेज के लिए? किस चीज के स्टेज के लिए?

**अनाथ :** *(तनिक आश्वस्त होकर)* थिएटर के लिए। आपको नहीं मालूम? श्रीमापुकुर मेंशन नाट्य संघ की प्रथम भेंट–**काल बैसाखी**। वह रहा स्टेज। *(बरामदे का दरवाजा खोलकर स्टेज दिखलाता है)* कल सीढ़ी तैयार होगी।

**बूआ :** सीढ़ी!

**अनाथ :** उस बरामदे से होकर ही तो ग्रीनरूम में जाने का रास्ता है। अभी हम लोग रेंलिग फाँदकर आ–जा रहे हैं पर थिएटर के दिन तो वैसा करना सम्भव नहीं होगा। वहाँ सीढ़ी बन जाएगी।

**बूआ :** हूँ।

**अनाथ :** जी हाँ।

**बूआ :** थिएटर? थि-ए-ट-र! कौन कर रहा है थिएटर?

**अनाथ :** जी, हम सब ही। मैं नौकर का पार्ट कर रहा हूँ, निताई दा डायरेक्टर हैं, शम्भू स्टेज-मैनेजर–

**बूआ :** निताई! शम्भू!

**अनाथ :** जी हाँ। प्रतुलकर हीरो और गगन विलेन।

**बूआ :** *(धीरे-धीरे आवाज़ रुकती जा रही है)* विलेन!

**अनाथ :** हाँ, गगन बड़ा अच्छा विलेन है। ऐसी आँखें दिखाता है कि बस। और एक-एक हँसी, पूछिए मत।

**बूआ :** कब है थिएटर?

**अनाथ :** परसों, शनिवार को। क्यों, आपने रिहर्सल नहीं देखा? यहीं तो हो रहा था। सब गए कहाँ? मैंने तो सोचा था, सब यहीं मिलेंगे।

*अनु का प्रवेश।*

**अनु :** यह लीजिए बड़ी बूआजी–*(अनाथ को रस्सी लिये खड़े देखकर अनु को जैसे काठ मार गया हो)*

**अनाथ :** अरे मिस चैटर्जी, और लोग सब कहाँ गए? रिहर्सल बन्द हो गया क्या?

**अनु :** *(बहुत घबराकर)* ऐं, रिहर्सल? कैसा रिहर्सल?

**बूआ :** *(अत्यन्त शान्त स्वर में मानो वज्र मार गया हो)* रहने दे अनु, बहुत हुआ? *(अनाथ से)* हाँ, थिएटर का रिहर्सल बन्द हो गया है। सब लोग घर गए। तुम भी जाओ।

**अनाथ :** ओ! *(जाते-जाते लौटकर)* कल कितने बजे होगा?

**बूआ :** कल नहीं होगा, आगे भी कभी नहीं होगा। कम-से-कम यहाँ तो नहीं ही होगा।

**अनाथ :** लेकिन–*(अनु बूआ के पीछे खड़ी इशारा कर रही है, यह देखकर)* ओ-मैं–

*अनाथ सवेग बाहर चला जाता है। योगीन का प्रवेश।*

**योगीन :** बड़ी दीदी–

**बूआ :** *(एकदम गम्भीर होकर)* योगीन! इतनी उमर हुई, फिर भी अपनी लड़की के सुर में सुर मिलाकर झूठ बोलते तुम्हें शर्म नहीं आती। अब एक बात सच-सच बताओ तो। तुमने इस कमरे में थिएटर का अड्डा जमा रखा है?

*योगीन असहाय-भाव से अनु की ओर देखते हैं पर कोई सहारा नहीं मिलता।*

बतलाओ!

**योगीन :** वे लोग-कई दिन से-

**बूआ :** वह सब बन्द करना होगा।

**योगीन :** उन लोगों का परसों नाटक है। स्टेज बनाया है, लोगों को न्योता दिया है।

**बूआ :** उन लोगों को अपना थिएटर करने दो। उससे हमें कोई लेना-देना नहीं, बस, यहाँ थिएटर-फिएटर नहीं चलेगा। आज तो घर में रिहर्सल होता है तुम्हारी लड़की देखरेख करती है, उन उचक्कों के साथ उठती-बैठती है-कौन जाने किसी दिन यह सुनने को मिले कि अनु खुद हिरोइन बनकर स्टेज पर उतर गई है।

*योगीन और अनु दोनों चौंक पड़ते हैं। बात समझने में कुछ समय लगता है। फिर जो भाव मन में आया वह भय का था या आश्वासन का, कहना कठिन है। शायद दोनों ही।*

**योगीन :** नहीं...नहीं...स्टेज पर...नहीं...हाँ।

*फूफा का प्रवेश। हाथ में जलता हुआ चुरुट।*

**फूफा :** टैक्सी आ गई।

**बूआ :** चलो। देखो, मैंने कह दिया। वे नाचते हैं तो नाचने दो, पर यहाँ नहीं! अभी समय नहीं है, लौटकर आने पर और जो कहना है, कहूँगी *(जाते-जाते रुककर)* तुमने फिर चुरुट ले ली? आज के कोटे की दो हो चुकी हैं न?

*फूफाजी का चुरुट बुझाते-बुझाते और बूआजी का बकते-बकते प्रस्थान। ठगे-से योगीन आरामकुर्सी पर बैठने जाकर उछल पड़ते हैं। बूआ वहाँ हथौड़ी रख गई थीं।*

**अनु :** बड़ी बूआजी को मेरे बारे में नहीं पता चला है।

**योगीन :** हूँ।

**अनु :** पता चलने पर क्या होगा?

**योगीन :** हूँ।

**अनु :** अब क्या होगा बाबूजी?

**योगीन :** ऊँ?...हूँ।

*सहसा बूआ का पुनः प्रवेश।*

**बूआ :** और एक बात कहने आई। कल अनु हमारे साथ कोन्नगर जाएगी, अनु, साथ में जो सामान लेना हो, आज रात में ही ठीक कर लेना।

*बूआ का प्रस्थान। अनु और योगीन दोनों कुर्सी पर पड़ जाते हैं। बरामदे के दरवाजे पर खटपट।*

**अनु :** *(चौंककर)* कौन?

*अनाथ का प्रवेश। हाथ में रस्सी।*

**अनाथ :** गलती से रस्सी लिये चला गया था।

**अनु :** *(गुस्से से)* बहुत अच्छा किया था। पिछली बार यहाँ न आकर अपने घर गए होते तो नाव न डूबती!

**अनाथ :** *(घबराकर)* मैं...तो...

**अनु :** अच्छा, आए सो आए, पर बड़ी बूआजी से थिएटर की बातें किए बिना पेट का पानी नहीं पच रहा था!

**योगीन :** उसे बुरा-भला कहने से क्या लाभ? उस बेचारे को क्या पता!

**अनु :** *(कुछ शान्त होकर)* खैर, जो हुआ सो हुआ! आप जाकर झटपट निताई दा और शम्भू दा को यहाँ भेज दीजिए-कहिएगा, जरूरी काम है।

**अनाथ :** शम्भू स्टेज पर पर्दा–

**अनु :** *(फिर गुस्सा होकर)* पर्दा जाए चूल्हे में। अभी जो कह रही हूँ, सो कीजिए।

*(अनाथ लौटता है)*

हाँ कहिएगा कि बड़ी बूआजी घर पर नहीं हैं, समझे?

**अनाथ :** मैं अभी बुला लाता हूँ।

**अनु :** लाने की जरूरत नहीं है, केवल भेज दीजिएगा। आपके आने की जरूरत नहीं है।

**अनाथ :** रस्सी–

*अनु हाथ से रस्सी छीनकर एक कोने में फेंक देती है। अनाथ और रुकता नहीं।*

**अनु :** सब चौपट हो गया केवल एक...एक इसके कारण। थिएटर की बातें करने के लिए और कोई नहीं मिला था।

*अनु उत्तेजित होकर पायचारी करने लगती है। योगीन दोनों पॉकेटों में सिगरेट खोजते हैं पर पाते नहीं।*

**योगीन :** सिगरेट का पैकेट कहाँ रख दिया?

*बरामदे के दरवाजे से शम्भू का प्रवेश।*

**शम्भू :** क्या बात है? बूआजी कहाँ है? कोन्नगर गईं क्या?

**अनु :** नहीं, कल जाएँगी कोन्नगर। और मुझे भी जाना होगा उनके साथ।

**शम्भू :** तुम्हें?

**अनु :** हाँ मुझे। निताई दा कहाँ हैं?

**शम्भू :** अनाथ बुलाने गया है, अभी आ जाते हैं। पर–

**योगीन :** शम्भू, तुम्हारे पास सिगरेट है?

**शम्भू :** *(हँसकर)* जी नहीं, मैं तो सिगरेट पीता नहीं। निताई दा आ रहे हैं; उनके पास हो सकती है। *(अनु से)* किन्तु तुम्हारे कोन्नगर जाने से कैसे चलेगा?

**अनु** : कैसे चलेगा, यह मैं क्या जानूँ? मैं क्या अपनी मर्जी से मौज मारने जा रहे हूँ? *(निताई का प्रवेश)* यह रहे निताई दा। सब गुड़-गोबर हो गया।

**निताई** : क्यों, क्या हुआ? बूआजी कोन्नगर नहीं जाएँगी?

**अनु** : बूआजी जाएँगी और मुझे भी साथ में बाँध ले जाएँगी। आपके लाड़ले अनाथचन्द्र रस्सी रखने आकर बड़ी बूआजी को खूब प्रेम से थिएटर की सारी बातें बता गए।

**निताई** : हे भगवान!

**योगीन** : निताई, तुम्हारे पास सिगरेट है?

**शम्भू** : ओ हो बाबूजी, इस समय सिगरेट के बिना नहीं चल सकता?

**अनु** : चल सकता है यदि ब्रांडी मिल जाय तो।

**निताई** : *(सिगरेट देते हुए)* यह रही सिगरेट। अनाथ कमबख्त सब-कुछ बता गया!

**शम्भू** : अनाथ के सम्बन्ध में मेरी धारणा बदल रही है। मेरी हिम्मत तो न पड़ती कि बूआजी से थिएटर की बातें करता।

**अनु** : हिम्मत नहीं क्या! गनीमत समझिए कि मेरे थिएटर करने की बात बूआजी से नहीं की। करते तो क्या होता?–और क्या होता। जो होना था सो तो हो गया। मुझे यदि कोन्नगर जाना ही पड़ा तो–

**शम्भू** : तुम स्टेज पर उतर रही हो, यह बूआजी को नहीं पता चला है?

**अनु** : नहीं। बशर्ते कि इस बीच अनाथचन्द्र ने बूआजी को रास्ते में रोककर यह शुभ सूचना न दे डाली हो। पर उससे लाभ?

**शम्भू** : लाभ है। तुम्हें कोन्नगर नहीं जाना होगा।

**अनु** : क्यों? जाना क्यों नहीं होगा?

**शम्भू** : नहीं, तुम नहीं जाओगी। तुम्हारे पेट में दर्द होगा–भीषण दर्द! तुम बिस्तर से उठ भी न सकोगी।

**अनु** : तो फिर बड़ी बूआजी भी नहीं जाएँगी।

**शम्भू** : जाएँगी। तुम स्टेज पर उतर रही हो, यह खबर यदि उन्हें अब तक नहीं है तो कल भी उन्हें सन्देह नहीं होगा। अनाथ ने

क्या–क्या बतलाया है? इस कमरे में रिहर्सल होता है, बताया है?

**अनु :** बताया है।

**शम्भू :** ग्रीनरूम की बात?

**अनु :** पता नहीं।

**शम्भू :** खैर छोड़ो, वह सब अनाथ से पूछने से पता चल जाएगा, सुनो, बड़ी बूआजी से कह दो–*(योगीन को देखकर)* चाचाजी के कहने से अच्छा होगा कि यहाँ रिसर्हल, ग्रीनरूम सब बन्द कर दिया जाएगा। झपझट मत कह दीजिएगा–धीरे–धीरे करके एक–एक बात के लिए राजी होइएगा जिससे बूआजी को लगे कि उनके कहने से अन्त में बाध्य होकर ऐसा कर रहे हैं। चाचाजी, कुछ खयाल मत कीजिएगा। इस समय इसके सिवा और कोई उपाय नहीं है।

**योगीन :** ठीक है, ठीक है। मेरी ओर से निश्चिन्त रहो। जीवन में बहुत झूठ बोला हूँ। इस झूठ से नरककुंड की आग और तेज़ थोड़े हो जाएगी। यही चिन्ता है कि इतना झूठ बोलकर भी झूठ बोलने की कला में पारंगत नहीं हो पाया हूँ। कहीं सब गोलमाल न कर दूँ। *(शम्भू झट से झुककर योगीन की चरण–धूलि लेता है)* यह क्या?

**शम्भू :** *(हँसकर)* कुछ नहीं। सोच रहा हूँ अगर मेरे स्कूल के मास्टर जी लोग आपके जैसे होते तो बेंत की मार से चमड़ी न उधड़ जाती।

**निताई :** फालतू की बात छोड़कर काम की बात कर।

**शम्भू :** तुम्हें क्या निताई दा? मेरे जैसा स्टेज–मैनेजर और चाचाजी जैसे प्रोफेसर मिले हैं–बस, आराम से मूँछ पर ताव दिए डायरेक्टर बने हुकुम चला रहे हो।

**अनु :** *(तनिक क्षुब्ध होकर)* ऐसा कहने का कोई तुक है शम्भू दा? निताई दा एक महीने से थिएटर को लेकर कम खट रहे हैं?

**शम्भू :** *(ज़ोर से हँस पड़ता है, फिर हँसी को रोककर)* गलती हो गई। निताई दा तो पक्के डायरेक्टर हैं। बस, एक मुझे ही किसी लायक नहीं बना पाए।

**निताई :** *(नाराज होकर)* तू मन लगाकर तो रिहर्सल करता नहीं, हथौड़ी हाथ में लिये दौड़ा-दौड़ा आएगा, दो वाक्य किसी तरह बोलकर फिर भाग जाएगा, ऐसे कहीं ऐंक्टिंग होती है?

**शम्भू :** क्या करूँ, बोलो? नाम है स्टेज-मैनेजर, पर काम-स्टेज बनाना, तिरपाल लगाना और बूआजी को सम्हालना। इतने सबके ऊपर पार्ट करना। क्यों, तुमने तो इसीलिए पार्ट नहीं लिया न कि डायरेक्शन देने में असुविधा होगी। मेरे समय यह सुबुद्धि नहीं आई?

**निताई :** चार लाइन का तो पार्ट-

**शम्भू :** चार लाइन ही सही। अधकचरा काम मुझे अच्छा नहीं लगता।

**अनु :** आप लोग झगड़ते रहिएगा कि काम की बात भी कीजिएगा?

**शम्भू :** *(बनावटी दुख से)* जाने दीजिए निताई दा। सारे संसार को आपने अपना भक्त बना रखा है। मैं अकेला क्या कर सकता हूँ भला? ऊपर से कहीं हिरोइन ने नाराज होकर कह दिया कि मैं पार्ट नहीं करूँगी, तो इतने शौक से बनाया मेरा स्टेज और पंडाल, सब व्यर्थ जाएगा। खैर छोड़िए! काम की बात और कुछ नहीं है-जो थी सो कह दी। आज रात से ही कराहना शुरू कर दो।

**अनु :** और बड़ी बूआजी यदि न गईं तो?

**शम्भू :** न गईं तो भी कम-से-कम तुम्हारा जाना तो रुक जाएगा। फिर और कुछ नए सिरे से सोचा जाएगा।

**निताई :** आज का रिहर्सल जहन्नुम में गया। बीच में केवल एक दिन बाकी है।

**शम्भू :** तो क्या हुआ? कल तो सबने छुट्टी ले रखी है। आराम से रगड़कर रिहर्सल करवाओ न।

**निताई :** छुट्टी ली है, क्या इसी से दो दिन का काम एक दिन में हो

जाएगा! वह भी अन्तिम दिन!

*मुन्ना और मुन्नी का नाचते-नाचते प्रवेश।*

**मुन्ना :** चाचाजी, माँ खाने को बुला रही हैं, जल्दी चलिए।

**शम्भू :** कह दो ढककर रख दें। अभी मेरा बहुत काम पड़ा है। और भाभी से बोल दो, वे खा लें।

**मुन्नी :** माँ ने कहा कि देरी कीजिएगा तो भात में पानी डाल देंगी।

**शम्भू :** *(हँसकर)* जा कह दे कि ढेर सारा पानी डाल दें। मैं भीमसेन जैसी भूख लिये पहुँचूँगा। और सुन! कह देना कि यदि आज आकर देखा कि वे बिना खाए बैठी हैं तो...तो... क्या करूँगा, बता?

**मुन्ना :** नाक काट लीजिएगा।

**मुन्नी :** धत् बुद्धू। नाक काटकर, कान काटकर गधे पर चढ़ाएँगे।

**शम्भू :** ठीक कहा। जा, जाकर बोल दे। और हाँ, बोलकर तुरन्त भाग जाना।

**मुन्ना :** निताई चाचाजी, आप लोग थिएटर नहीं कर रहे हैं?

**निताई :** ऐं...नहीं, कल करेंगे।

**मुन्नी :** आज क्यों नहीं कर रहे हैं चाचाजी?

**निताई :** आज बहुत गड़बड़ हो गया...कल करेंगे।

**शम्भू :** अच्छा, अब भागो तो।

*दोनों का नाचते-नाचते प्रस्थान। बहुत देर बाद मुसीबत की बात भूलकर सब लोग जी खोलकर हँस पड़ते हैं। किन्तु तनिक देर के लिए ही। अचानक बरामदे के दरवाजे के बीच से अनाथ का सिर झाँकता है।*

**अनाथ :** *(दबे स्वर में)* बू...आ...जी।

*सिर गायब हो जाता है। कमरे में हलचल मच जाती है। निताई भागना चाहता है।*

**अनु :** बूआजी! इसी बीच!

**शम्भू :** पक्का रहा। बूआजी के रवाना होते ही खबर देना।

**योगीन :** निताई, एक सिगरेट देते जाओ।

*निताई बरामदे के दरवाजे के पास ब्रेक लगाकर खड़ा होता है। पॉकेट से जल्दी से पैकेट निकालकर फेंक देता है।*

**निताई :** पैकेट आप रखिए सर।

*अन्तर्धान। पीछे–पीछे शम्भू।*

# द्वितीय अंक

## प्रथम दृश्य

*वही कमरा। दूसरे दिन सुबह का समय। पर्दा खुलने के समय मंच खाली है। बाहर से हथौड़ी मारने, ठोंकने आदि की आवाज़ें आ रही हैं। अनु पीछे देखते-देखते डरते हुए प्रवेश करती है। पैर दबाए दरवाजे तक जाती और पीछे का दरवाजा खोलकर बरामदे में जाती है। दो-एक तालियों की आवाज और एक कोयल जैसी कू...सुनाई पड़ती है। अनु घूमकर एक बार फिर भीतर की ओर देखती है, हाथ से इशारा करके बुलाती है और फिर अन्दर आ जाती है। दरवाजे पर शम्भू का चेहरा दिखलाई पड़ता है।*

**शम्भू :** बूआजी कहाँ हैं?

**अनु :** स्नान करने गई हैं।

*शम्भू भीतर आ जाता है।*

**शम्भू :** जल्दी से हालचाल बतलाओ।

**अनु :** सब ठीक है। बूआजी ने डॉक्टर बुलाने के लिए बहुत हो-हल्ला किया पर बाबूजी और फूफाजी ने मिलकर किसी तरह उन्हें ठंडा किया।

**शम्भू :** फूफाजी भी?

**अनु :** हाँ, उन्हें भी अपने में मिला लिया है।

*भीतर कोई शब्द होता है। दोनों चौंक जाते हैं।*

**शम्भू :** जल्दी...बरामदे में!

*दोनों का बरामदे में प्रस्थान। फूफाजी डरते-डरते प्रवेश करते है। इधर-उधर देखकर एक चुरुट निकालकर मुँह से लगाते हैं-अनु का प्रवेश, पीछे शम्भू।*

**अनु :** ओ! आप!

*चुरुट गिर जाता है। फूफाजी उछलकर खड़े होते हैं।*

**फूफा :** ओ! तू।

**अनु :** आप यहाँ क्या कर रहे हैं?

**फूफा :** *(चुरुट जलाकर पहला धुआँ छोड़कर)* चुरुट पी रहा हूँ। अपनी बूआजी को मत बतलाना।

**अनु :** *(हँसते हुए)* अच्छा।

**शम्भू :** हाँ, तो जल्दी से बतलाओ।

**अनु :** सब ठीक है। निताई दा से कह दीजिए कि जैसी बात हुई थी, दोपहर में रिहर्सल होगा। फूफाजी, आप लोग कब तक बाहर जा रहे हैं?

**फूफा :** मैं कैसे बतलाऊँ? तेरी बूआजी जानती हैं। जहाँ तक मुझे पता है-अब तक तो रवाना हो जाने की बात थी।

**अनु :** रविवार के पहले तो नहीं लौटिएगा न?

**फूफा :** नहीं-नहीं, तू डर मत। मधु दा आने देंगे तब न! फिर एक महीना पहले ही उनकी मझली लड़की का विवाह हुआ है। उसे दिए गए गहने का बखान, कपड़ों का लेखा-जोखा, जमाइयों की विदाई-इतनी सारी बातें क्या भाभी दो दिन में ही बता पाएँगी!

**शम्भू :** तुम जाओ, जाकर लेट जाओ। देखो, किनारे लगते-लगते कहीं भरी नाव न डूब जाए!

**फूफा :** हाँ-हाँ, तू जा भीतर।

**अनु :** *(शम्भू से)* आप भी जाइए।

*अनु भीतर जाती है, शम्भू बाहर बरामदे के रास्ते।*

*फूफाजी जोर-जोर से चुरुट टानते हैं। योगीन का प्रवेश।*

**योगीन :** तुम यहाँ?

**फूफा :** *(एकदम-से चौंक जाते हैं पर योगीन को देखकर)* तुम्हारे यहाँ सभी लोग एकदम से ऐसा आ जाते हैं कि–

**योगीन :** *(बैठते-बैठते)* मैं भी यही बात सोच रहा था। लड़की थिएटर करेगी और जान मेरी मुसीबत में। तुम्हें भी आने के लिए और कोई दूसरा समय नहीं मिला। इतने दिनों बाद तुम आए, निश्चिन्त होकर बैठकर दो-चार बाजी शतरंज की जमाते, सो नहीं, उलटे मैं इस कोशिश में लगा हूँ कि कैसे तुम जल्दी से जल्दी घर से बाहर जाओ।

**फूफा :** अफसोस मत करो योगीन। हम लोगों का समय गया। अब जिनका समय है, उनका अधिकार अधिक महत्त्वपूर्ण है।

**योगीन :** उसमें मुझे कोई आपत्ति नहीं थी, बशर्ते कि मैं उन सबसे तटस्थ रह सकता। वे लोग आते हैं, हो-हल्ला करते हैं, लड़की खुश रहती है और मैं भी मजे में ही रहता हूँ।

**फूफा :** हाँ, सो क्यों नहीं! तुम तो मजे में रहते हो पर अपनी लड़की को लेकर तुम जितनी चिन्ता करते हो, उसकी दस गुनी चिन्ता करनी पड़ती है मुझे।

**योगीन :** क्यों, तुम्हें तो लड़की है नहीं?

**फूफा :** होती तो भला होता! तुम्हारी बड़ी दीदी उसे लेकर व्यस्त रहतीं, और मैं आराम से बैठकर चुरुट के दो कश ले पाता। उसके बदले तुम्हारी लड़की का ब्याह क्यों नहीं हो रहा है, इस फिक्र में मेरी चाँद गंजी हुई जा रही है।

**योगीन :** *(हँसकर)* चाँद तो तुम्हारी अनु के जन्म के पहले से ही गंजी है।

**फूफा :** अब बढ़ गई है। और आगे और बढ़ेगी। तुम्हारी बड़ी दीदी इस बार ऐलान करके आई हैं कि अनु का ब्याह पक्का करके ही कलकत्ता से जाएँगी। इस बीच मेरी लखनऊ की प्रैक्टिस जहन्नुम में जाए तो जाए!

**योगीन :** नहीं, सो नहीं। पर अनु के ब्याह की बात तो कभी सोची नहीं न, इसलिए। कॉलेज में पढ़ती है, हँसती-खेलती है, घर-गृहस्थी सम्हालती है, सब मजे में तो चल रहा है।

**फूफा :** ऐसे ही चलते-चलते अपने-आप ब्याह भी हो जाएगा, ऐसा सोचते हो?

**योगीन :** पता नहीं, इस बारे में कभी गौर ही नहीं किया। अनु यदि उसमें खुश होगी तो मान लूँगा कि अच्छा ही हुआ।

**फूफा :** तुम्हें एक बात बताऊँ, सुनो-

**बूआ :** *(भीतर से)* कहाँ गए तुम फिर?

*फूफाजी बिजली की गति से चुरुट फेंककर पैर के नीचे दबा लेते हैं। बूआ का प्रवेश।*

**फूफा :** क्यों भाई, अब और कितनी देर है? चलो। हम लोगों के पहुँचने पर वहाँ खाना-पीना होगा।

**बूआ :** तो तुम्हें कोई जल्दी है, ऐसा तो लगता नहीं। आराम से बैठे-बैठे चुरुट फूँक रहे हो और गप्पें मार रहे हो।

**फूफा :** *(हकलाते हुए)* चु...चुरुट? कहाँ चुरुट? कैसा चुरुट? कौन...चुरुट?

**बूआ :** तुम...चुरुट। गौशाला में धूना देने जैसी हालत हो रही है और आप कह रहे हैं-कौन चुरुट! आज शाम का तुम्हारा चुरुट बन्द।

**फूफा :** *(कातर स्वर में)* केवल आधा चुरुट पी पाया हूँ-

**बूआ :** बाकी आधा कल पीना। जाओ, अब तैयार हो लो।

*फूफा का प्रस्थान।*

योगीन!

**योगीन :** ऐं?

**बूआ :** कोन्नगर से लौटते ही मैं अनु को दिखलाने की व्यवस्था करूँगी, अपना भला चाहो तो ये कुछ दिन सावधानी से रहो।

**योगीन :** अनु को दिखलाना? क्या दिखलाना?

**बूआ :** तुम्हें क्या कभी भी अक्ल नहीं आएगी? क्या यूँ ही कहते हैं कि बारह साल मास्टरी करने के बाद–मैं पूछती हूँ, अनु का ब्याह नहीं करना होगा?

**योगीन :** ब्याह? हाँ–हाँ, सो तो–

**बूआ :** हाँ–हाँ, सो तो– । मैं पूछती हूँ–इतने दिनों तक तुमने क्या किया?

**योगीन :** *(घबराकर)* मैंने...मैं अनु से कहूँगा...आज ही।

**बूआ :** अनु से कहूँगा! आज ही–अनु से क्या कहोगे?

**योगीन :** क्यों? यही, ब्याह की बात।

**बूआ :** हे भगवान, अनु की किस्मत में कैसा बाप लिखा था! मैं पूछती हूँ, अनु से कहोगे, तुम किस मर्ज की दवा हो?

**योगीन :** *(स्तम्भित)* मैं?...इस उमर में मैं ब्याह करूँगा। तुम्हारा दिमाग खराब हो गया है?

**बूआ :** *(सप्तम स्वर में)* मैं– *(निराश होकर)* मेरा दिमाग ही खराब हो गया है, नहीं तो तुमसे यह सब कहती क्यों? सारा दायित्व तो मेरे ही ऊपर है। एक वे हैं। उनसे कुछ कहो तो हूँ–हाँ कर देंगे और चुरुट टानने बैठ जाएँगे। इतनी देर में जरूर एक और सुलगा ली होगी। *(पुकारकर)* अरे, हुआ?

**योगीन :** *(हड़बड़ाकर)* मैं देखता हूँ हुआ या नहीं। *(द्रुत प्रस्थान)*

**बूआ :** हे भगवान!

*सिर पर हाथ रखकर कुर्सी पर बैठ जाती हैं। मुन्ना और मुन्नी का नाचते-नाचते प्रवेश।*

**मुन्नी :** अनु मासी, अनु मासी! *(बूआ को देखकर रुक जाते हैं)*

**बूआ :** अनु की तबीयत ठीक नहीं है। क्या है, बोलो?

*बिना डरे दोनों पास आकर बूआजी का निरीक्षण करते हैं।*

**मुन्नी :** आप कौन हैं?

**बूआ :** *(अत्यन्त आश्चर्य से)* मैं? *(अचानक रुक जाती हैं। पहली*

*बार चेहरे और गले को कोमलता का स्पर्श मिलता है)* मैं तुम्हारी अनु मासी की बड़ी बूआजी हूँ।

**मुन्नी :** अ-नु-मा-सी-की-बड़ी-बू-आ-जी? *(आँखें बड़ी-बड़ी करके)* बाप रे!

**मुन्ना :** आप कहाँ रहती हैं?

**बूआ :** क्यों? यहीं।

**मुन्ना :** यहाँ? इस मकान में?

**बूआ :** हाँ रे हाँ, यहीं।

**मुन्नी :** झूठ। हम लोग तो रोज आते हैं। आपको तो नहीं देखा?

**बूआ :** पहले नहीं थी। कल आई हूँ।

**मुन्ना :** कल कब आईं?

**बूआ :** शाम को।

**मुन्ना :** हम लोग तो रात में चाचाजी को खाने के लिए बुलाने आए थे, तब तो नहीं देखा?

**बूआ :** उस समय मैं घर में नहीं थी। तुम्हारे चाचाजी कौन?

**मुन्ना :** शम्भू।

**मुन्नी :** ए, शम्भू कहा? माँ ने उस दिन क्या कहा था, याद नहीं?

**योगीन :** शम्भूनाथ बन्द्योपाध्याय।

**बूआ :** शम्भू तुम्हारे चाचा हैं। तुम लोग इसके ऊपरवाले फ्लैट में रहते हो?

**मुन्ना :** हाँ।

**बूआ :** शम्भू को बुलाने यहाँ आए थे?

**मुन्ना :** हाँ, रोज ही तो माँ बुलाने को कहती हैं और रोज ही चाचाजी कहते हैं—ढककर रख देने को कह।

**मुन्नी :** माँ हँसती हैं और कहती हैं आग लगे थिएटर को!

**मुन्ना :** आप थिएटर नहीं देखिएगा?

**बूआ :** थिएटर? कब होगा?

**मुन्नी :** अरे, आपको नहीं मालूम? शनिवार को—कल ही तो!

**मुन्ना :** उधर मैदान में—कितना बड़ा स्टेज बना है! आपने नहीं देखा?

**मुन्नी :** *(मुँह बनाकर)* भैया, अनु मासी की बड़ी बूआजी यहाँ नहीं

रहती हैं।

**मुन्ना :** इसी कमरे में तो रोज रिहर्सल होता है। मैं भी बड़ा होकर थिएटर करूँगा, निताई चाचा ने कहा है।

**मुन्नी :** तू नहीं कर सकेगा।

**मुन्ना :** नहीं कर सकूँगा? वाह-वाह देखेगी? *(आगे बढ़कर पोज लेता है)* 'प्रमीला, चलो। हम लोग भाग चलें। यह जगह छोड़कर बहुत दूर...वहाँ, जहाँ हमें कोई नहीं पहचानेगा। वहीं चलकर हम लोग घर बसाएँगे।' इसके बाद प्रमीला कहती है-'नहीं राजीव दा, नहीं। यह नहीं हो सकता।'

**बूआ :** *(आश्चर्य से आँखें फैल गई थीं। यह सुनकर तनिक आश्वस्त हुईं)* गनीमत है!

**मुन्नी :** *(मुन्ना को हटाकर)* दुर, कहीं ऐसे कहती हैं? *(दोनों हाथ मसलते हुए, आँख ऊपर चढ़ाकर)* 'नहीं राजीव दा, नहीं। यह नहीं हो सकता।' ऐसे ही तो अनु मासी बोलती हैं।

**बूआ :** *(एकदम चौंककर)* कौन? कौन बोलता है?

**मुन्नी :** अनु मासी। उसके बाद और भी क्या-क्या तो कहती हैं, रोते-रोते।

**बूआ :** अनु मासी! *(उठती हैं)*

**मुन्ना :** अनु मासी को बहुत रोना पड़ता है न रे? जब ध्रुवेश बोलता है *(वीरों की तरह)* 'मैं तुमसे अन्तिम बार कहता हूँ प्रमीला-'

**बूआ :** अनु मासी! *(बैठ जाती हैं)*

*नेपथ्य से आवाज-मुन्ना-मुन्नी*

**मुन्नी :** अरे बाबा, माँ बुला रही हैं।

**मुन्ना :** आया माँ।

*दोनों का नाचते-नाचते प्रस्थान।*

**बूआ :** *(विह्वल स्वर में)* अनु मासी...अनु! *(सहसा उठकर ज़ोर से)* अनु! अनु! इधर आ तो!

*फूफाजी का प्रवेश।*

**फूफा :** क्या हुआ? अनु सो रही है? दिमाग खराब हो गया है क्या?

**बूआ :** हाँ, दिमाग खराब हो गया है। अनु, सो रही है क्या? अनु, सुना?

**फूफा :** ओ हो, हुआ क्या? बेचारी पेट के दर्द के मारे–

**बूआ :** पेट का दर्द नहीं, तुम्हारा सिर। अभी सब मोटाई झारती हूँ उसकी। अनु!

*धीरे-धीरे अनु का प्रवेश।*

**अनु :** *(दुर्बल स्वर में)* क्या बड़ी बूआजी?

**बूआ :** पाँच मिनट का समय देती हूँ झटपट तैयार हो जा। मेरे साथ कोन्नगर जाना है।

**अनु :** कोन्नगर? पर...मैं...तो...

**बूआ :** चुप। मुँह एकदम बन्द! कल से बहुत झूठ बोली हो, अब एक शब्द भी नहीं। चलो जाओ। तुम्हारा थिएटर करना सब निकालती हूँ।

*अनु का विह्वल रूप में प्रस्थान।*

**फूफा :** किसने थिएटर किया है?

**बूआ :** और किसने? तुम लोगों की लाड़ली अनु ने। *(पुकारकर)* योगीन!

**फूफा :** अनु ने? हे भगवान! उसने थिएटर किया है? तो जब कर ही लिया है तो इस बार के लिए कर लेने दो।

**बूआ :** *(गरजकर)* तुम भी उन लोगों के दल में मिल गए हो?

*योगीन का प्रवेश।*

और तुम! तुम्हारी लड़की, उसकी देखरेख करना तो दूर रहा, तुम खुद उस धींगड़ी के साथ मिलकर कल से एक रंग झूठ बोलते गए हो। छिः-छिः शर्म नहीं आती इस उम्र में यह सब करते?

**योगीन :** मैं? मैंने क्या किया है?

**बूआ :** तुमने क्या किया है, नहीं मालूम? इतने सारे लोफर छोकरों के साथ मिलकर इतने सारे लोगों के सामने स्टेज पर नाचेगी हरिहर चैटर्जी के वंश की लड़की? बाबूजी ठीक ही कहते थे–काला पानी पार करते ही बुद्धि का बारह बज जाता है।

**योगीन :** किसने कहा तुमसे कि अनु–

**बूआ :** देखो, अब बेकार धप्पाबाज़ी में कुछ नहीं रखा है, योगीन! शम्भू के भतीजा-भतीजी के मुँह से मैंने सब सुन लिया है। इन लोगों ने तो तुम्हारी तरह झूठ बोलना अभी सीखा नहीं है।

**योगीन :** बड़ी दीदी, सुनो–

**बूआ :** अब और कुछ नहीं सुनना है। अनु इसी पल मेरे साथ कोन्नगर जा रही है। *(फूफा से)* तुम खड़े-खड़े क्या देख रहे हो? टैक्सी बुलाओ जाकर।

*फूफा का प्रस्थान।*

लौटने के बाद पन्द्रह दिन के अन्दर अनु का ब्याह न कर दिया तो मैं हरिहर चैटर्जी की लड़की नहीं। अनु!

**योगीन :** बड़ी दीदी, मेरी बात सुनो। अनु यदि चली गई तो इन लोगों का सब कार्यक्रम चौपट हो जाएगा। यहाँ पर हम किसी को मुँह दिखाने लायक नहीं रह जाएँगे। यह घर छोड़ना पड़ेगा।

**बूआ :** घर छोड़ना पड़ेगा? बहुत अच्छा! यह मकान छोड़कर पेड़ के नीचे रहना पड़े सो अच्छा! पर खैर, वह नौबत नहीं आएगी। अनु का ब्याह हो जाए, फिर तुम अपने चेले-चाँटियों को लेकर स्टेज पर नाचो-गाओ, मुझे उससे कोई लेना-देना न होगा।

**योगीन :** *(हारकर)* अनु, अनु नहीं जाएगी। *(बैठ जाते हैं।)*

**बूआ :** नहीं जाएगी?

**योगीन :** नहीं-नहीं, जाएगी। कल के बाद जो कहोगी, सुनूँगा। उसे

ताले में बन्द करके रखने को कहोगी तो वह भी करूँगा। पर इस बार तो उसे रहना ही होगा।

**बूआ :** ठीक है। अनु रहे। मुझे जो करना होगा, करूँगी। मैं बाबूजी को लिख दूँगी–मैं जो कर सकती थी, मैंने किया। अब तुम जानो और तुम्हारे बेटा-पोती जानें!

**योगीन :** *(आर्तनाद करके)* बड़ी दीदी...!

**बूआ :** बस, मैंने कह दिया।

*अनु का प्रवेश। हाथ में बैग है।*

**बूआ :** न घसीटना पड़े सो ही अच्छा! अभी भी कुछ नहीं बिगड़ा है। पर हाँ, यदि अनु को तुमने इतना सिर चढ़ा रखा है कि वह स्टेज पर नाचेगी तो मुझे बाबूजी को लिखना ही पड़ेगा। उपाय भी क्या है! सब कुछ की एक सीमा होती है।

*फूफा का प्रवेश।*

**फूफा :** टैक्सी आ गई।

**बूआ :** क्यों, अनु जाएगी या नहीं?

*योगीन कोई जवाब नहीं देते। हाथों से सिर पकड़े बैठे रहते हैं।*

चलो अनु!

*अनु और बूआ का प्रस्थान। फूफाजी झट से लौट आते हैं।*

**फूफा :** योगीन!

**योगीन :** ऐं!

**फूफा :** हिम्मत मत हारो। शम्भू को बुलाओ। जहाँ तक मैंने समझा है, यदि वह लाइन पर चलता तो मास्टर क्रिमिनल होता।

**योगीन :** शम्भू? वह क्या करेगा?

**फूफा :** क्या करेगा, यही पता होता तो क्या मैं वकील होने जाता? कोशिश करके देखें। तुम्हारी बड़ी दीदी को यदि कोई पटा

सकता है तो वही।

**बूआ :** *(बाहर से)* मैं पूछती हूँ, तुम कहाँ रह गए?

**फूफा :** बाप रे! आया। *(द्रुत प्रस्थान)*

**योगीन :** शम्भू! *(एकदम हताश होकर)* शम्भू क्या करेगा?

*नाचते-नाचते मुन्ना-मुन्नी का प्रवेश।*

**मुन्ना :** योगीन दादाजी, वे लोग सब कहाँ गए? अनु मासी, अनु मासी की बड़ी बूआजी–

**योगीन :** वे लोग? वे लोग घूमने गई हैं।

**मुन्नी :** घूमने गई हैं! थिएटर नहीं करेंगी?

**योगीन :** नहीं।

**मुन्ना :** तब कौन करेगा?

**योगीन :** कोई नहीं। थिएटर नहीं होगा।

**मुन्ना-मुन्नी :** *(एक साथ)* वाह, होगा। होगा क्यों नहीं? हम लोग थिएटर नहीं देखेंगे? वाह रे!

**योगीन :** थिएटर? *(थोड़ा स्वस्थ होकर)* अच्छा जाओ, और जल्दी से अपने चाचाजी को यहाँ भेज दो। और निताई चाचा क्या कर रहे हैं, यह भी देखो। उन्हें भी आने के लिए कह दो। दौड़कर जाओ।

*नाचते-नाचते मुन्ना-मुन्नी का प्रस्थान। पीछे के दरवाजे से शम्भू का प्रवेश।*

**शम्भू :** चाचाजी!

**योगीन :** अरे, तुम खुद ही आ गए?

**शम्भू :** अनाथ ने बतलाया कि अनु भी बड़ी बूआजी के साथ टैक्सी में बैठकर चली गई है। क्या बात हुई?

**योगीन :** ओ, तो तुम्हें सब पता चल गया है?

**शम्भू :** अब तक सभी को पता चल गया होगा। अनाथ चारों ओर दौड़ रहा है। हुआ क्या चाचाजी?

*पीछे के दरवाजे से निताई, राजीव और शशांक का प्रवेश। सबकी ऐसी हालत है जैसे मुर्दनी में जाने के लिए आए हों।*

**निताई :** क्या बात है सर? अनु कहाँ गई?

**योगीन :** कोन्नगर।

**सब :** *(एक साथ)* कोन्नगर?

**योगीन :** मुन्ना-मुन्नी से बड़ी दीदी ने सब कबुलवा लिया है। मैंने...मैंने फिर भी उसे जबरदस्ती रोक लेने की कोशिश की पर दीदी ने बाबूजी...बाबूजी से...शम्भू, निताई तुम लोग विश्वास करो-मैंने भरसक-

**शम्भू :** *(हँसकर)* यह क्या हम नहीं जानते चाचाजी?

**योगीन :** तुम हँस रहे हो? हँस सकते हो?

**शम्भू :** हँसूँगा नहीं? अधकचरा काम किया था सो उचित दंड मिल गया। सब दिन के लिए शिक्षा मिल गई-आगे फिर कभी ऐसा नहीं होगा।

**निताई :** आगे! *(बैठ जाता है)* इतना सब होने के बाद भी तुम आगे फिर थिएटर करने की सोचते हो?

**शम्भू :** यह खत्म हो जाने के बाद तुम भी सोचोगे। सभी डायरेक्टर ऐसा करते हैं।

**निताई :** यह खत्म होने के बाद? पर यह खत्म होगा कैसे? कौन करेगा?

**शम्भू :** यही तो जानना है! चाचाजी, कोन्नगरवालों की लड़की का अभी नया-नया ब्याह हुआ है न?

*प्रॉम्पटर का प्रवेश।*

**निताई :** तुम्हें गप्पें मारने का और कोई समय नहीं मिला!

**शम्भू :** *(अचानक कठोर होकर)* निताई दा, तुमने जब रिहर्सल में डायरेक्शन दिया, तो मैंने उसमें कभी भी कोई दखल दिया?

**निताई :** *(तनिक लज्जित होकर)* नहीं।

*अनाथ का प्रवेश।*

**शम्भू :** मैं स्टेज सम्हालता हूँ–उसमें तुम किसी दिन कुछ बोले हो?

**निताई :** नहीं।

**शम्भू :** ठीक। इसे कहते हैं डिवीजन ऑफ लेबर एवं टीम-वर्क। वही, जिसकी बात तुम हर रिहर्सल में दस बार करते हो। तो अब मेरे एक प्रश्न का सीधा सा जवाब दो–बूआजी किसकी हैं?

**निताई :** अनु की।

**शम्भू :** सो तो मालूम है। मेरे पूछने का मतलब है–उनका भार किस पर है? तुम पर या मुझ पर? यदि तुम लो तो मैं एकदम आउट, स्टेज का पर्दा टाँगूँ, तुम्हारे बीच में कोई टाँग नहीं अड़ाऊँगा। पर हाँ, यदि वह दायित्व मेरा है फिर तुम फालतू की बातें मत करो। इतना ही नहीं, मैं जब जो करने को कहूँगा सो करना पड़ेगा, सबके साथ ताल से ताल मिलाकर चलना पड़ेगा। समझे, अब बोलो, बूआजी किसकी हैं?

**निताई :** *(संकुचित होते हुए)* तुम्हारी।

**शम्भू :** गुड! सॉरी चाचाजी! यह भीतरी व्यवस्था की बात थी। *(बैठता है)* फूफाजी कह रहे थे कि कोन्नगरवालों की लड़की का ब्याह पिछले महीने ही हुआ है। कहाँ हुआ है, मालूम है?

**योगीन :** मालूम क्यों नहीं है? कलकत्ता में ही हुआ है।

**शम्भू :** कलकत्ता में कहाँ? पता मालूम है? *(पॉकेट से नोटबुक और कलम निकालता है)*

**योगीन :** पता तो नहीं मालूम। कालीघाट में कहीं–

**शम्भू :** उतना ही काफी है। लड़की का नाम?

**योगीन :** अरुणा।

**शम्भू :** अ-रु-णा *(लिखता है)* पुकारने का कोई अलग नाम?

**योगीन :** अरु पुकारते सुना है।

**शम्भू :** अरु। गुड। दामाद का नाम मालूम है?

**योगीन :** दामाद? दामाद का नाम तो नहीं याद आ रहा है।

**शम्भू :** तब मरे। *(तनिक सोचकर)* ब्याह का कार्ड है?

**योगीन :** हो सकता है। वह भी न होता पर अनु को ब्याह का कार्ड जमा करने का शौक है। मैं देखता हूँ। *(प्रस्थान)*

**शम्भू :** निताई दा, समय क्या हुआ?

**निताई :** साढ़े दस।

**शम्भू :** साढ़े दस।

*बुदबुदाते हुए न जाने क्या हिसाब लगाता रहता है। योगीन का प्रवेश।*

**योगीन :** यह रहा। कालीघाट-निवासी श्री अघोरचन्द्र मुखोपाध्याय के ज्येष्ठ पुत्र समरकुमार मुखोपाध्याय। पता भी है इसमें।

**शम्भू :** दीजिए, कार्ड मुझे दीजिए। अनु से कह दीजिएगा कि उसे सही-सलामत वापस मिल जाएगा। आपको थोड़ा और तंग करूँगा चाचाजी। यहाँ पर आप कोन्नगरवालों का नाम, पता-ठिकाना सब लिख दीजिए।

*नोकबुक देता है। योगीन लिखते हैं।*

ट्रेज़रर, फंड में कितना घाटा है?

**प्रॉम्पटर :** घाटा क्यों होगा? कुछ बचेगा ही लगता है।

**शम्भू :** ऐं...बचेगा? तब तो तूने अमेचर थिएटर का नाम डुबाया समझो। कितना बचेगा?

**प्रॉम्पटर :** कितना बचेगा, यह अभी कैसे बतलाऊँ! दस-बारह रुपए होंगे। *(खाता निकालकर)* अब तक एक सौ एक्यावन रुपए।

**शम्भू :** हे भगवान! दस-बारह रुपए। खैर छोड़, पूरा हिसाब देने की जरूरत नहीं है। तू जल्दी से लेजर में एक और खाता खोल ले।

**प्रॉम्पटर :** *(उसी खाते में एक नया पन्ना खोलकर)* किस नाम से?

**शम्भू :** बूआजी।

**प्रॉम्पटर :** बूआजी लिखूँ या आंटी।

**शम्भू :** नहीं-नहीं, आंटी-फांटी नहीं, बूआजी। बी-यू-ए-जे-आई। इस समय बूआजी को आंटी बनाने चले तो खोपड़ी से सब

गोलमाल हो जाएगा। आंटी बड़ा हल्का लगता है। वरन् तुम लिखो–बड़ी बूआजी।

**प्रॉम्पटर :** बिग?

**शम्भू :** नहीं भाई, बड़ी। निताई दा, दस–बारह रुपए में काम नहीं चलेगा। एमर्जेंसी। उधार लेकर हो, चोरी करके हो, पचीस–पचास रुपए जो भी लगें, उसका इन्तजाम करना होगा।

**योगीन :** यदि रुपए से काम हो जाए तो जो लगेगा, मैं दूँगा।

**शम्भू :** घबराइए मत चाचाजी। सब चन्दे का कारबार है, आपके सामने भी हाथ फैलाऊँगा। पर आपका अकेले का नहीं, सबका दायित्व है। अच्छा अनाथ की मुझे जरूरत पड़ेगी। निताई दा, तुम्हें कोई आपत्ति तो नहीं है?

**निताई :** बिलकुल नहीं। बिलकुल नहीं।

**शम्भू :** अनाथ में एक बहुत बड़ा गुण है कि यह सवाल पूछे बिना काम कर सकता है। पर अनाथ, बूआजी के सामने अब और मुँह न खुले, समझे!

**अनाथ :** बाप रे! फिर से। *(कान मलता है।)*

**शम्भू :** तुझे अभी एक बार कालीघाट जाना होगा, टैक्सी लेकर।

*नोटबुक से एक पन्ना फाड़कर उस पर कुछ लिखता है। सब एक–दूसरे की ओर देखते हैं।*

**योगीन :** *(प्रशंसा के स्वर में)* जीजाजी ठीक कहते थे।

**शम्भू :** *(लिखते–लिखते)* क्या?

**योगीन :** कि सकेगा तो केवल शम्भू। और...और...कह रहे थे...

**शम्भू :** क्या?

**योगीन :** बात ठीक से मेरी समझ में नहीं आई। कह रहे थे–ठीक लाइन पर चलने से तुम मास्टर क्रिमिनल होते।

**शम्भू :** *(लिखना छोड़कर जोरों से हँस पड़ता है)* फूफाजी जज लोगों को चराया करते हैं–उन्हें आदमी की पहचान है। अनाथ, तू जरा बाहर आ तो।

*(शम्भू और अनाथ का पीछे के बरामदे में प्रस्थान)*

**निताई** : कुछ समझ में नहीं आया सर?

**योगीन** : ना। पर ऐसा लगता है कि कुछ होकर रहेगा। एक सिगरेट दो तो।

*निताई सिगरेट देता है।*

**निताई** : यह थिएटर यदि हो गया तो कान पकड़ता हूँ आगे से फिर कभी–*(शम्भू का प्रवेश)*

**शम्भू** : कह लो अभी जो कुछ कहना है। अगले रविवार से ही नए नाटक की खोज शुरू हो जाएगी, पता है *(निताई की आपत्ति को रोकते हुए)* हटाओ, वह बाद की बात है। सुनो, यदि कोई खास गड़बड़ न हुई तो अनु आज शाम को, और नहीं तो कल सुबह तो जरूर ही आ जाएगी। मगर बूआजी साथ आएँगी। उसे नहीं रोका जा सकेगा।

**समवेत** : अनु आएगी?

**शम्भू** : उसका आना करीब–करीब निश्चित है। मगर असली काम तो उसके बाद का है और वह उतना आसान भी नहीं। चाचाजी, आपको अभी तक काफी परेशानी रही है। आप जाकर खाइए–पीजिए। निताई दा को छोड़कर और सब लोग जाएँ। दो बजे रिहर्सल है, तब सब लोग आ जाइएगा।

*सबका बिना कुछ पूछताछ किए प्रस्थान। योगीन भीतर, बाकी सब पीछे के दरवाजे से बरामदे से होकर बाहर।*

*(अपने–आप)* सवाल है–बूआजी और अनु! अनु और बूआजी! अनु माइनस बूआजी। अनु प्लस...अनु प्लस क्या?

*बाहर से बनानी और मिस्टर सेन का प्रवेश।*

**बनानी** : सुना, मिस चटर्जी चली गईं।

**शम्भू** : हाँ, पर कोई बात नहीं, फिर आएँगी।

**मि. सेन** : ओ! फिर आएँगी। मैंने सोचा...यानी उनकी...बूआजी...

**शम्भू** : आपने कुछ गलत नहीं सोचा।

**मि. सेन :** तब?

**शम्भू :** तब भी होगा।

**मि. सेन :** होगा! कैसे होगा?

**शम्भू :** वही सोच रहा हूँ।

**बनानी :** बा-बा! मैं तो इस सब झमेले से पहले ही मुक्त हो चुकी हूँ। एक बार मेरे साथ भी बिलकुल ऐसे ही हुआ था। माँ किसी तरह नहीं करने दे रही थीं। तभी मेरे मन में यह बात आई थी कि मेरा ब्याह किसी ऐसे व्यक्ति से हो जिसे आर्ट में टेस्ट हो।

**शम्भू :** ब्याह...ब्याह। अनु प्लस–

**बनानी :** तुम्हें नहीं बताया था? उस बार, जब बालीगंजवाले मकान में रहते थे, तब पूजा के समय–

**शम्भू :** हुआ।

**बनानी और मि. सेन :** *(एक साथ)* क्या हुआ?

**शम्भू :** हुआ नहीं अभी, पर होगा। हो सकता है, होना सम्भव है–ऐसा लगता है।

**मि. सेन :** ऐं?

**शम्भू :** सॉरी। कुछ नहीं। मि. सेन, आप कुछ कहने आए थे?

**मि. सेन :** मैं...नहीं...माने कुछ खास नहीं। मेरा...मतलब...एक सुझाव था।

**शम्भू :** क्या?

**मि. सेन :** मैं कह रहा था कि...यदि अन्त तक मिस चटर्जी नहीं आ सकें तो...इन केस ऑफ एमरजेंसी...*(रुक जाते हैं)*

**शम्भू :** हाँ, क्या?

**मि. सेन :** मेरा मतलब, प्रमीला के रोल में यह किसी तरह चला लेगी। *(निताई स्तब्ध)* माने, इसे तो मालूम ही है। पार्ट भी करीब-करीब याद–

**शम्भू :** और बनानी का पार्ट?

**मि. सेन :** वह किसी भी और से–

**शम्भू :** किससे?

**बनानी :** मेरी एक चचेरी बहिन है। कोशिश करने से वह–

*निताई की हालत खराब हो रही है।*

**शम्भू :** यह बात हम लोगों के दिमाग में पहले ही आई थी। *(बनानी और मि. सेन उत्साहित होते हैं, निताई वज्राहत)* इन फैक्ट, मैंने ही प्रस्ताव रखा था पर निताई दा बोले–प्रमीला का पार्ट न होगा, किसी से भी करवाकर काम चला लिया जाएगा, पर बनानी के पार्ट के साथ खिलवाड़ नहीं किया जा सकता। हम लोग यही सोच रहे थे कि कहीं अनु की बूआजी के बदले मिसेज सेन की बूआजी आ जातीं तब क्या होता!

**मि. सेन :** ओ, हाँ...हाँ समझ गया। हाँ, सो अवश्य ही–

**बनानी :** तब क्या कीजिएगा?

**शम्भू :** अनु ही करेगी अन्त में। नहीं ही हुआ तो किसी तरह भाभी से काम चला लूँगा।

**बनानी :** भाभी से?

**शम्भू :** हाँ, भाभी, निताई दा वाली।

*लगता है, निताई के सिर पर किसी ने डंडा मार दिया हो। मगर शम्भू उसकी आँखों में सीधे एकटक देख रहा है। मानो कह रहा हो–याद है?*

भाभी कब आने को कह गई हैं?

**निताई :** ओ–हाँ–आने को–

**शम्भू :** जितनी जल्दी होगा आ जाएँगी, तो?

**निताई :** हाँ, जितनी जल्दी होगा...जितनी जल्दी...

**मि. सेन :** आपकी स्त्री? मेरा आइडिया था कि आप अनमैरिड–

**निताई :** हाँ, माने...नहीं–

**शम्भू :** मिस्टर सेन, बुरा मत मानिएगा, यह जरा पारिवारिक मामला है *(आँख मारता है)* समझे?

**मि. सेन :** ओ...आई एम ऑफुली–

**शम्भू :** तो फिर तय रहा मिसेज सेन। दो बजे रिहर्सल है। देरी मत

कीजिएगा, हाँ।

*अत: मिस्टर और मिसेज सेन को बाहर जाना ही पड़ा।*

**निताई :** ओ नालायक, यह क्या किया?

**शम्भू :** निताई दा, बात तय है न कि यू आर नॉट टू क्वेश्चन?

**निताई :** *(बहुत नाराज होकर)* 'नॉट टू क्वेश्चन' का क्या मतलब? मेरी बीवी कहाँ से आ गई? मेरी सात पुश्तों में किसी ने ब्याह नहीं किया और तुम–

**शम्भू :** छि:, निताई दा! तुम कैसी बात मुँह से निकाल रहे हो!

**निताई :** मैंने–मैंने...क्या कहा ऐसा...मेरा मतलब...

**शम्भू :** तो मैंने ही भूल सुना होगा।

**निताई :** मेरा मतलब...मेरा मतलब यह था कि मैंने ब्याह किया है क्या जो मेरी बहू होगी?

**शम्भू :** क्यों नहीं किया? जरा सोचकर देखो। यदि तुम्हारी बहू होती तो क्या आज बूआजी के कारण इस तरह मुसीबत में पड़ना पड़ता? एक के बाद एक आराम से थिएटर करते जाते, बिना किसी की परवाह किए–

**निताई :** कौन साला अब और थिएटर करेगा?

**शम्भू :** *(कान पर हाथ रखते हुए)* छि:, निताई दा! तुम्हें आर्ट में टेस्ट है न? *(निताई फटा चाहता है, उसे रोकते हुए)* नहीं निताई दा, अब और कुछ नहीं कहूँगा। तुम बड़े हो। *(गम्भीर होकर)* किन्तु एक बात कहूँ–सीरियसली?

**निताई :** कहो।

**शम्भू :** तुम लोगों की यह अनु–मैं जितना ही देखता हूँ उतना ही मेरा दिमाग खराब होता जा रहा है।

**निताई :** क्यों, अनु ने क्या किया?

**शम्भू :** अनु ने क्या किया? क्या नहीं किया? थिएटर के पहले दिन चली गई कोन्नगर। ज़िम्मेदारी का तनिक खयाल नहीं! सारे मुहल्लेवालों के सामने हम लोगों की क्या हालत होगी? यह नहीं सोचा!

**निताई :** अनु क्या अपनी मर्जी से गई है? वह तो बूआजी–

**शम्भू :** *(अचानक गुस्सा होकर)* बूआजी की दोहाई मत दो। जिसे ज़िम्मेदारी का खयाल होता है, जिसके बैकबोन होती है, वह बूआजी के डर से इस तरह कच्चा पड़कर भाग नहीं जाता!

**निताई :** *(हठात् क्षुब्ध होकर)* देखो शम्भू, तुम्हें वचन दिया है तो तुम्हारे प्लान में कोई रुकावट नहीं डालूँगा। पर इसका मतलब यदि तुमने यह समझा हो कि तुम जिसके बारे में जो मर्जी आए कहते फिरोगे और–

**शम्भू :** *(अत्यन्त शान्त होकर)* एक हाथ अपना हुआ।

**निताई :** *(अचकचाकर)* ऐं?

**शम्भू :** दो हाथ और जीतना है। तीन हाथ जीत लेने से चौथा हाथ अपने आप बनेगा। चार हाथ में गेम! *(हँसकर)* यह प्लान का हिसाब है निताई दा। इसमें नाराज होने की कोई बात नहीं है। सुनो, एक बात कहूँ!

**निताई :** क्या?

**शम्भू :** अनु आएगी। बूआजी भी आएँगी। आज दोपहर के बाद से यह कमरा छोड़ देना होगा। यह केवल थिएटर के समय ग्रीनरूम हो सकेगा–बशर्ते कि बूआजी को ठीक से सम्हाला जा सके। अनु अब और रिहर्सल नहीं कर सकेगी, उसे सीधे स्टेज पर उतरना होगा। अनु पर उतना भरोसा है?

**निताई :** वह है। उसके रोल को लेकर मुझे कभी चिन्ता नहीं करनी पड़ी।

**शम्भू :** बहुत बढ़िया! क्राइसिस आएगी, हो सकता है नाटक के दौरान आए। हो सकता है इस कमरे में, इसी ग्रीनरूम में एक और नाटक चलता रहे–यवनिका के अन्तराल में या ऐसा ही कुछ कहते हैं न? उस समय का पूरा भार तुम पर होगा।

**निताई :** मुझ पर?

**शम्भू :** घबराओ मत, तुम्हें पूरी तरह ब्रीफ कर दिया जाएगा पर केवल ब्रीफ। बाकी की बुद्धि तुम्हें वक्त पर स्वयं खर्च करनी पड़ेगी। यह कोई गणित तो नहीं कि दो–दो चार ही होंगे।

अब आज मुन्ना-मुन्नी ने आकर एक झमेला खड़ा कर दिया। ऐसा फिर हो सकता है। उस समय तुम्हें अपनी प्रत्युत्पन्न बुद्धि और अभिनय कौशल का सहारा लेना पड़ेगा। सेन-दम्पती के सामने तुमने जो किया, उसकी आशा अपने डायरेक्टर से नहीं थी।

**निताई :** अब बताओ तो सही, तुमने अचानक आसमान से बहू टपका दी-

**शम्भू :** इससे भी अधिक 'अचानक' कल घट सकता है, तैयार रहो। सीधी-सी समस्या हो तो सीधा-सा समाधान होता है, पर यहाँ तो वैसा है नहीं। पहला काम है अनु और बूआजी को वापस लाना। फिर अनु को बूआजी से अलग करके मंच पर भेजना और बूआजी को दर्शक-मंडली में बैठाए रखना।

*निताई सिहर जाता है।*

समझ में आ रहा है कि कैसा पेचीदा मामला है? और इसीलिए समाधान भी पेचीदा ही होगा। इस समाधान का हिसाब कहाँ तक बैठ पाएगा, मुझे नहीं पता। तुम्हें तो और भी नहीं पता। यह निर्भर करता है अन्य दो हाथों के ऊपर।

**निताई :** अन्य दो हाथ? क्या फालतू बक रहे हो?

**शम्भू :** कुछ नहीं। ताश के खेल का हिसाब।

**निताई :** तुम्हारा ताश और तुम, दोनों ही जहन्नुम में जाओ, मुझसे मतलब नहीं। मुझे क्या करना होगा, सो बतलाओ।

**शम्भू :** *(बनावटी दुख से)* निताई दा, तुम बड़े अकृतज्ञ हो! तुम्हें क्या मालूम कि तुम्हारे लिए मैंने क्या-क्या नहीं किया है! फूफाजी ने मुझे मास्टर क्रिमिनल कहा-

**निताई :** तुम एक बात बताओगे?

**शम्भू :** पर उसके पहले तुम बतलाओ तो, भरोसे का कोई प्रेस है तुम्हारी जान में?

**निताई :** प्रेस?

**शम्भू :** हाँ, प्रेस, छापाखाना। ऐसा प्रेस जो बड़े-बड़े काम कर दे,

फालतू के प्रश्न न पूछे, बात कम करे और पैसा खूब ले?

**निताई :** है।

**शम्भू :** गुड! तुम्हारे हाथ की चिट्ठी चाहिए कि पत्र-वाहक जो कहेगा वही करना होगा। छोटा-सा काम है, तुम्हारे थिएटर के निमंत्रण-पत्र से भी आसान काम। आधा घंटा भी नहीं लगेगा। तीस रुपए दूँगा।

**निताई :** तीस? क्या कहते हो?

**शम्भू :** ज्यादा लगेगा तो वह भी दूँगा। थिएटर कम्पनी रुपए नहीं देगी तो मैं अपनी घड़ी बेच दूँगा। पर विश्वास करो, यह किए बिना काम नहीं बनेगा।

**निताई :** नहीं-नहीं, यह बात नहीं। सोचता था, ऐसा काम-

**शम्भू :** सोचना छोड़ दो। घर जाओ। जाकर चिट्ठी लिखो, नहाना-खाना करो। ठीक डेढ़ बजे तुम्हारे पास आऊँगा। बाकी बातें तभी होंगी।

**निताई :** तुम नहीं खाओगे?

**शम्भू :** बाद में। मुझे चाचाजी से बातें करनी हैं।

*निताई का प्रस्थान।*

पहला हाथ निताई दा। दूसरा हाथ चाचाजी। तीसरा हाथ अनु। चौथा हाथ बूआजी। *(भीतर की ओर बढ़ता है।)*

*पीछे के दरवाजे से घबराए हुए एक युवक का प्रवेश। युवक का नाम जगत है।*

**जगत :** रस्सी। रस्सी कहाँ है शम्भू दा?

**शम्भू :** *(घूमकर)* उस दीवान के नीचे है।

*जगत रस्सी लेकर जाने लगता है।*

जगत, सुन तो।

**जगत :** क्या?

**शम्भू :** बाहर क्या खबर है?

**जगत :** सब लगा आया हूँ। बस, तीन-चार विंग्स बाकी हैं।

**शम्भू :** तुझे एक काम करना होगा। नितीश गुप्ता को जानता है?

**जगत :** नितीश गुप्ता? वही जिसने पिछले दिनों ब्याह किया है?

**शम्भू :** खबर सब रखता है, क्यों?

**जगत :** वाह, खबर नहीं रखूँगा? सिविल मैरेज...रोमांटिक कारबार। हम लोगों के मेंशन में ऐसे कितने लोग हैं?

**शम्भू :** ज्यादा नहीं हैं। तू जल्दी से जुट जा, एक से दो हो जाएँगे। पर अभी तो तू एक बार उसके पास जा। उससे एक चीज़ उधार लानी है।

**जगत :** क्या चीज़?

**शम्भू :** उनके ब्याह की सर्टिफिकेट।

**जगत :** मुझे देंगे?

**शम्भू :** मेरे नाम से दे देंगे? मैं उनके ब्याह में गवाह था।

**जगत :** तुम गवाह थे शम्भू दा? कभी तो– *(उत्साहित होकर)* शम्भू दा, सब कैसे हुआ था, बतलाओ न?

**शम्भू :** अभी उस किस्से के लिए समय नहीं है, बाद में सुनाऊँगा। पर देख, किसी से कहना मत, खबरदार! तेरे पेट में बात पचेगी भला!

**जगत :** तुम देखना।

**शम्भू :** ठीक है, तू जा। और हाँ, दोपहर में मुझे एक बार बाहर जाना होगा।

**जगत :** ऐं! तुम्हारे चले जाने से यहाँ का क्या होगा?

**शम्भू :** मुझे देर नहीं लगेगी। बस, एक बार छापाखाना जाना जरूरी है। तुम लोग सम्हाल नहीं लोगे?

**जगत :** कब तक लौटोगे?

**शम्भू :** शाम के पहले। चल, नौ–दो ग्यारह हो। मैं जरा देर बाद आता हूँ।

*जगत का प्रस्थान।*

दो नम्बर, चाचाजी।

*शम्भू भीतर जाने लगता है। मिस्टर सेन का प्रवेश।*

**मि. सेन :** निताई बाबू हैं क्या?

**शम्भू :** *(घूमकर)* निताई दा खाने गए है। क्यों?

**मि. सेन :** ओ! कोई बात नहीं। फिर–

**शम्भू :** मैं कुछ कर सकता हूँ? निताई दा अभी बहुत व्यस्त हैं। थिएटर, बूआजी सब उन्हीं के सिर पर तो है।

**मि. सेन :** हाँ, सो तो है ही, सो तो है ही। तब फिर वरन्–मानो कोई इतनी जरूरी बात तो है नहीं। केवल–

**शम्भू :** कह डालिए न!

**मि. सेन :** मैं कह रहा था कि...मैं सोच रहा था कि...मिस चैटर्जी को एक...माने एक मेडल देने के लिए...यदि आप लोगों को आपत्ति न हो तो...

**शम्भू :** वाह, यह तो बड़ी अच्छी बात है! पर आपने थियटर तो अभी देखा नहीं है।

**मि. सेन :** उससे क्या हुआ? रिहर्सल तो देखा है।

**शम्भू :** यदि प्रमीला का पार्ट अनु न करके निताई दा वाली भाभी करें तो?

**मि. सेन :** तो क्या हुआ? वैसा हुआ तो उन्हें ही दूँगा। निताई बाबू की स्त्री हैं तो ऐक्टिंग जरूर ही बढ़िया करेंगी।

**शम्भू :** सच तो। मैंने यह तो सोचा ही नहीं था। तब मतलब यह कि मेडल आप अनु को नहीं, प्रमीला को देना चाहते हैं।

**मि. सेन :** नहीं, मतलब, हाँ, बात कुछ ऐसी ही है। माने...बात यह है कि मेरे दो-एक मित्र कह रहे थे कि...बनानी...को मेडल... माने यूँ ही बात-बात में कह रहे थे। तो मैंने सोचा, यदि वैसा हुआ तो...माने मिस चैटर्जी को बाद देकर...अटपटा लगेगा सो–

**शम्भू :** *(समझकर)* ओ! यह बात है! तब तो प्रस्ताव अति उत्तम है। मिसेज सेन का रिहर्सल में जो अभिनय देखा है उसी पर, मेरे पास पैसा होता तो मैं भी एक मेडल एनाउंस कर देता। उसके ऊपर से बनानी-जैसा कठिन पार्ट।

**मि. सेन :** *(खुश होकर)* आप मजाक कर रहे हैं।

**शम्भू :** मजाक? अच्छा, निताई दा से पूछिएगा, मैंने कहा है या नहीं। निताई दा भी तो यही कहते हैं।

**मि. सेन :** *(विगलित होकर)* निताई बाबू भी कहते हैं?

**शम्भू :** कितनी बार कहा है। इसलिए तो निताई दा ने कहा कि बनानी का पार्ट मैं अपनी बीबी को देकर नाटक चौपट नहीं करूँगा।

**मि. सेन :** अच्छा, अच्छा, कॉलेज में थी तब और भी अच्छा–मानमई गर्ल्स स्कूल में चपला का पार्ट।

**शम्भू :** बहुत अच्छा!

**मि. सेन :** ऐं!

**शम्भू :** मेरा मतलब बहुत अच्छा पार्ट किया था।

**मि. सेन :** *(आश्चर्य से)* आपने देखा था?

**शम्भू :** हाँ, नहीं। मैंने सुना था। सभी कहते थे–मिस्टर सेन, चाचाजी से मुझे कुछ जरूरी बातें करनी हैं सो–

**मि. सेन :** हाँ–हाँ, जरूर।

*दोनों दो ओर जाते हैं। मि. सेन घूमकर।*

अ...शम्भू बाबू!

**शम्भू :** कहिए।

**मि. सेन :** *(सकुचाते हुए)* मैं कह रहा था कि...बुरा मत मानिएगा...यदि पैसे के कारण ही रुक रहा हो तो–

**शम्भू :** क्या?

**मि. सेन :** *(धरती में गड़ते हुए से)* वही...माने मेडल की बात, जो आप कर रहे थे।

**शम्भू :** *(स्तम्भित होकर)* ओ! *(सम्हलकर)* ओ, अच्छा–अच्छा। उस बारे में बाद में बात करूँगा।

*मिस्टर सेन का प्रस्थान। शम्भू गरदन हिलाकर दीर्घ निःश्वास फेंकता है। फिर 'चाचाजी दो नम्बर' बुदबुदाते हुए जाने लगता है। जगत का प्रवेश।*

**जगत :** शम्भू दा, अनन्त पूछ रहा है, शशांक किधर मरेगा?

**शम्भू :** किधर मरेगा?

**जगत** : अन्तिम दृश्य में ध्रुवेश शशांक को गोली मारता है न? अनन्त कर रहा है कि बाईं तरफ पीछे की ओर बचाकर। उधर की एक चौकी कमजोर है।

**शम्भू** : ओ...भाई वह सब निताई दा जानते हैं। खड़िया से निशान लगा दो। बाद में निताई दा को दिखा देना। *(भीतर जाने लगता है)*

**जगत** : और शम्भू दा, सी ब्लॉक के बंकू बाबू पूछ रहे थे कि औरतों को अलग बैठाने का इन्तजाम हो रहा है क्या?

**शम्भू** : *(लौटकर गुस्से से)* क्यों, औरतों की सबकी बूआजी आई हैं क्या?

**जगत** : *(अचकचाकर)* बूआजी? नहीं तो!

**शम्भू** : तब जाकर कह दे–अलग इन्तजाम नहीं हो रहा है। और यदि किसी की बूआजी आ जाएँ तो वे कोन्नगर चली जाएँ।

**जगत** : कोन्नगर? *(शम्भू भीतर जा चुका है)* कोन्नगर? बूआजी?

*अनन्त का प्रवेश।*

**अनन्त** : शम्भू दा!

**जगत** : *(डपटकर)* शम्भू दा को अभी तंग न कर। रात-दिन इसमें जान खपा रहे हैं–माने ऐसी हालत होती तो नेपोलियन का माथा भी ठीक न रहता। चल, बाहर चलें।

*आश्चर्यचकित अनन्त को ठेलकर बाहर ले जाता है।*

**[ पर्दा ]**

## द्वितीय दृश्य

*वही कमरा। समय सन्ध्या के 6 बजे के आसपास। यवनिका उठने से पहले ही दुर्वृत्त की हँसी सुनाई पड़ती है। स्टेज पर ध्रुवेश हाथ में पिस्तौल लिये खड़ा है, चेहरे पर हँसी–और*

*शशांक गोली खाकर पड़ा है। कमरे में निताई, शम्भू, राजीव, प्रॉम्पटर, बनानी, मिस्टर सेन और अनाथ भी है।*

**निताई :** ठीक है। *(शशांक उठता है)* देखो, स्टेज पर पोजीशन ठीक कर लेना। जगत ने जहाँ खड़िया से दाग दिया है, उस जगह को बचाकर गिरना। *(ध्रुवेश से)* तुम्हारी हँसी अभी भी– जाने दो, उसे लेकर अब और माथा खपाने से कोई लाभ नहीं। जो है, ठीक है।

**प्रॉम्पटर :** राजीव और प्रमीला का प्रवेश।

**निताई :** ओ, तब और करने से कोई लाभ नहीं। आगे तो प्राय: पूरे में प्रमीला है। अब जो होना है, स्टेज पर ही होगा।

**राजीव :** मतलब अब बस? इसके बाद सीधे स्टेज पर ही?

**निताई :** हाँ, इसके बाद एकदम स्टेज पर ही। कल शाम तक घर पर अपना–अपना पार्ट अच्छी तरह देखना। *(मीठे गले से)* मिसेज सेन, आप यदि पार्टी के सीन में अपना कैचवर्ड अच्छी तरह देख लें तो आपका अभिनय अद्‌भुत होगा।

**राजीव :** प्रमीला की क्या खबर है? वह–

**शम्भू :** प्रतुल, तुमसे एक बार कहा है न कि थिएटर के पहले प्रमीला की चर्चा करके निताई दा को तंग करना कानूनन बन्द कर दिया गया है!

**राजीव :** *(नाटकीय भंगी से)* अपराध क्षमा करो प्रभु! निताई दा की डिमोक्रेसी का अभ्यस्त हो गया था। अब मार्शल लॉ जारी किया गया है, यह स्मरण ही नहीं रहता।

**शशांक :** रिहर्सल खत्म हो गया है, तो फिर हम लोग यहाँ क्यों रुके हैं? क्या पता, कब बूआजी टपक पड़ें!

**शम्भू :** *(हँसकर)* डरने की जरूरत नहीं है, अनन्त पहरे पर है।

**शशांक :** तुम्हें डर न हो, मुझे है। कोन्नगर से बूआजी को प्रमीला कैसे खींचकर यहाँ ला रही है यह या तो भगवान जाने या तुम, मुझे उससे कोई मतलब नहीं, पर वे आ रही हैं, यह खबर सुनने के बाद से मेरे तो होश फाख्ता हो रहे हैं। गोली खाकर मरने के समय आँखों के सामने अँधेरा आने के बजाय

बूआजी आ खड़ी होती हैं। मैं चला भाई। कई दिन से गिरते-गिरते और मरते-मरते मेरे बाएँ घुटने में दर्द होने लगा है, बाद में भागदौड़ न कर पाऊँगा।

**शम्भू :** एक मिनट रुको। सब लोग हैं, दो-एक जरूरी बातें कर लूँ। *(जेब से लिस्ट निकालते हुए)* स्टेज की सब चीज़ें आ गई हैं। बस, शराब की दो और बोतलें बाकी हैं। व्हाइट हॉर्स की एक है। जिन या ब्रांडी की खाली बोतल कोई ला सकता है?

**मि. सेन :** मैं ला दूँगा। मेरे एक दोस्त के भाई मिलिटरी में हैं-

**शम्भू :** गुड। बहुत-बहुत धन्यवाद मिस्टर सेन। हाँ, अनु ने कहा था, वह दो टेबुल-क्लाथ देगी। अब उसके सिर यह झंझट न छोड़कर यदि कोई और-

**मि. सेन :** टेबुल-क्लाथ बहुत हैं। कितने चाहिए?

**शम्भू :** दो, बस और कुछ नहीं। कल घड़ी के काँटे से ठीक सात बजे पर्दा उठाकर अमेचर थिएटर की परम्परा तोड़ने की इच्छा है। इसलिए पाँच बजे तक सबका आ जाना जरूरी है। यह मिलिटरी का हुक्म है। मेकअप यहाँ नहीं होगा, स्टेज के पीछे जगह घेरकर होगा। यह कमरा केवल नाटक के बीच में कपड़ा बदलने के लिए इस्तेमाल किया जा सकता है। वह भी पक्का बतलाऊँगा कल सुबह। न हुआ तो दूसरा इन्तजाम करना होगा। अब निताई दा और अनाथ को छोड़कर बाकी सब लोग-अटेंशन अबाउट टर्न क्विक मार्च!

*सबसे पहले शशांक का प्रस्थान। उसके पीछे राजीव, प्रॉम्पटर, बनानी, मिस्टर सेन और ध्रुवेश का।*

अनाथ, पोस्टऑफिस में क्या कहा रे?

**अनाथ :** कहा तो कि तार तीन-चार घंटे में पहुँच जाएगा। पर उनकी बात का क्या भरोसा?

**शम्भू :** चलो, अभी तो कल तक का समय है। कल तुम जितनी देर स्टेज से बाहर रहना अनाथ, उतनी देर मेरे आसपास ही रहना। मैं यदि किसी ओर भागूँ तो तुम भी मेरे पीछे-पीछे भागना।

कब क्या जरूरत आ पड़े, कहा नहीं जा सकता। हाँ, सबको एक बार और याद दिला देना कि थिएटर के समय कल चाहे जो भी घटे, सब लोग माथा ठंडा रखें, उत्तेजित न हों। यदि कोई बूआजी के सामने पड़ जाए तो उनसे ज्यादा बातचीत न करके, एक मीठी-सी मुस्कान चेहरे पर लाकर जल्दी से सरक जाए।

**अनाथ :** अच्छा! और कुछ?

**शम्भू :** नहीं! अब तू जा! जगत से कह दे-बरामदे की सीढ़ी जैसी तैयार होने की बात थी, वैसी तैयारी होगी।

*अनाथ का प्रस्थान।*

क्या इतना सोच रहे हो निताई दा?

**निताई :** कहने से तुम गुस्सा हो जाओगे-पर मुझे यह सब अच्छा नहीं लग रहा है।

**शम्भू :** क्या अच्छा नहीं लग रहा है?

**निताई :** तुम्हारा प्लान, जो तुमने दोपहर में बतलाया। यह सब जरा ज्यादा ही हुआ आ रहा है। दिमाग खर्च करके तुम कोई ऐसा उपाय नहीं सोच सके कि अनु को बीच में डाले बिना ही काम हो जाता?

**शम्भू :** अनु को बीच में डाले बिना काम करने का एकमात्र उपाय है, बनानी से प्रमीला का पार्ट करवाना और उनकी चचेरी बहिन से बिना रिहर्सल बनानी का पार्ट करवाना।

**निताई :** कई बार लगता है, वही शायद अच्छा होता! प्ले डूबता पर प्ले होता। लोगों को बुलाकर वापस लौटाना न पड़ता।

**शम्भू :** उतना सब मत सोचो निताई दा। इसमें चाचाजी के सबसे अधिक आपत्ति करने की बात थी, पर वे एक बार कहने से ही राजी हो गए। क्यों, जानते हो?

*योगीन का प्रवेश।*

ओ, चाचाजी। वहाँ क्या हुआ सो बतलाइए?

**योगीन :** *(बैठते-बैठते)* ओह, इस बुढ़ौती में! निताई, एक सिगरेट

दो तो। *(निताई देता है, दोनों सिगरेट सुलगाते हैं)* अनु की मौसी और उनकी लड़कियों को सब कुछ खोलकर बतला दिया।

**शम्भू-निताई :** *(एक साथ)* सब कुछ!

**योगीन :** नहीं-नहीं, सब माने सब नहीं। जितना कहने को कहा था उतना ही। अनु की मौसी और उनकी लड़कियाँ कल सुबह आएँगी। सब लोग बड़ी दीदी को सुना-सुनाकर कहेंगी कि अनु के न करने से कोई नाटक देखने नहीं आएगा। यह कहकर अनु को लेकर वे लोग अपने घर चली जाएँगी। उसके बाद ठीक 6 बजे अनु चुपचाप आ जाएगी।

**शम्भू :** कहाँ आना होगा, वह बता दिया है न?

**योगीन :** बता दिया है। तुम्हारे भैया-भाभी को तो कोई एतराज नहीं होगा?

**शम्भू :** नहीं-नहीं! भाभी तो बहुत खुश हैं कि उनके कमरे में हिरोइन का मेकअप होगा। षड्यंत्र में लोगों को इतना उत्साह हो सकता है, यह पहले सोचा ही नहीं था।

**योगीन :** भाई, सच पूछो तो मुझे ही बुरा नहीं लग रहा है। अनु की मौसी के यहाँ तो इसे ही लेकर अच्छा-ख़ासा हो-हुल्लड़ मच गया। पर भाई, सब ठीक-ठाक हो जाए, तब की बात है।

**शम्भू :** बाकी सब अनु का काम है। वह आज रात से ही चारों ओर कहने लगे कि पार्ट न करने से वह किसी को मुँह दिखाने लायक न रह जाएगी। वैसा किए बिना, बूआजी की नजर बचाकर मौसीजी के यहाँ जाना मुश्किल होगा।

**निताई :** वह अनु कर लेगी।

*बाहर के दरवाजे से अनन्त का द्रुत प्रवेश।*

**अनन्त :** टैक्सी आई है। *(कहकर दरवाजे की तरफ जाने लगता है)*

**शम्भू :** टैक्सी! बूआजी?

**अनन्त :** उतना सब नहीं देखा। फूफाजी को देखते ही दौड़ पड़ा।

*इस बार फिर बरामदे की तरफ जाता है।*

**शम्भू :** हम लोग भी चलें चाचाजी। उधर नहीं निताई दा, इधर–

*निताई को लेकर बरामदे के रास्ते जाता है। फूफाजी व अनु का प्रवेश।*

**योगीन :** *(बनावटी आश्चर्य से)* क्या बात है? तुम लोग इतनी जल्दी...?

**फूफा :** बतलाता हूँ, रुको! *(बैठकर आराम से चुरुट जलाने लगते हैं)*

**योगीन :** ओ...*(धीरे से)* बड़ी दीदी?

**फूफा :** आ रही हैं।

**योगीन :** ओ! *(तटस्थ हो जाते हैं)*

**फूफा :** *(तिरछी नजर से देखकर)* आ रही हैं यानी इतनी जल्दी नहीं।

**योगीन :** ऐं? ओ! *(तनिक स्वाभाविक हो जाते हैं)*

**फूफा :** मधु दा की मँझली लड़की की तबीयत अचानक खूब खराब हो गई है। आज शाम को तार मिला–अरु सीरियसली इल, कम शार्प।

**योगीन :** *(सतर्क होकर)* अच्छा! तब?

**फूफा :** तब क्या? तार मिलते साथ मधु दा और भाभी तुरन्त रवाना हुए। बस, हम लोग फिर रिफ़्यूजी हो गए।

**योगीन :** अच्छा! क्या बीमारी हुई है?

**फूफा :** क्या पता, तार में तो केवल सीरियसली इल लिखा है।

**योगीन :** ओ! *(तनिक देर मौन। फूफाजी तिरछी नजरों से देखते हैं)* तो...यानी, बड़ी दीदी?

**फूफा :** बड़ी दीदी को थोड़ी देर देखे बिना तुम ऐसे बैचन हो उठोगे, यह तो नहीं पता था।

**योगीन :** नहीं...माने...।

**फूफा :** तुम्हारी बड़ी दीदी मधु दा के साथ गई हैं।

**योगीन :** *(उछलकर)* ऐं! अब मरे।

*आने के बाद से अनु एक ओर थकी–थकी सी बैठी है। इस बार कुछ कहना चाहती है पर हाथ हिलाकर*

*फूफाजी रोक देते हैं।*

**फूफा :** हूँ। ठीक से अन्दाज किया था। तार किसने भेजा था?

**योगीन :** *(धीरे-धीरे बैठकर दुर्बल स्वर में)* शम्भू ने।

**फूफा :** हूँ। मास्टर क्रिमिनल चाल में ऐसी भूल कर बैठा, कहाँ है वह, बुलाओ उसे।

*सहसा पीछे के दरवाजे से शम्भू का प्रवेश।*

**शम्भू :** जी, बुलाना नहीं पड़ेगा? मैं बरामदे में ही था। मैंने सब सुन लिया है। फूफाजी, वह बात मैंने भी एक बार सोची थी। फिर देखा, वैसा होना असम्भव है। बूआजी जरूर सोचेंगी कि मधु बाबू की लड़की बीमार हो तो वहाँ जाने पर अटक जाना पड़ सकता है। वैसी हालत में अनु को अकेले छोड़ना पड़ेगा सो ठीक नहीं। इसलिए तार भेजने में कोई रिस्क नहीं था। अब बताइए, बूआजी कहाँ हैं? हाथ में कितना समय है?

*इस बार अनु हँस पड़ती है। फूफाजी भी हँसते हैं।*

**फूफा :** ना! जो कहा था, ठीक ही था। तुम मास्टर क्रिमिनल हो। कोई डर नहीं योगीन, उसे आने में दो घंटे तो लगेंगे ही। मेरी मौसेरी बहिन के घर गई है। उसके पड़ोसियों का एक लड़का है। वह विश्वविद्यालय की बहुत-सी बातों से नाराज होकर फिलहाल बाप की दुकान पर बैठ रहा है–अर्थात् लायक हो गया है।

**अनु :** *(गुस्से से)* आपके उस भानजे से मैं कभी भी ब्याह नहीं करूँगी। मरने पर भी नहीं। बड़ी बूआजी हमारा नाटक करना बन्द करवा सकती हैं, पर इसका यह मतलब नहीं कि जो उनकी मर्जी में आएगा सो सभी– *(गला रुद्ध होने लगता है)*

**फूफा :** लड़का मेरा भानजा नहीं है पर है अच्छे खानदान का, परम कुलीन।

**अनु :** अपनी कुलीनता अपने पास रखिए।

**फूफा :** अरे, तो तू मुझ पर क्यों बिगड़ रही है? मैं थोड़े ही तेरा ब्याह

करवाने जा रहा हूँ।

**अनु :** आपने रोका क्यों नहीं?

**फूफा :** हे भगवान! एक दिन जब तू अपनी भतीजी का विवाह करवाने चलेगी, तब उसके फूफाजी वह विवाह कहाँ तक रोक सकेंगे, यह तो तेरा मिजाज देखकर ही समझ रहा हूँ।

**अनु :** *(लज्जित होकर)* फूफाजी, आज मेरा माथा ठिकाने नहीं है।

**फूफा :** कोई बात नहीं, कोई बात नहीं। *(पॉकेट में खोजते हुए)* योगीन, मेरा चुरुट तो खत्म हो गया। तुम्हारे पास सिगरेट है?

**योगीन :** भीतर है, आओ। देता हूँ।

*दोनों का प्रस्थान।*

**अनु :** इधर की क्या खबर है शम्भू दा?

**शम्भू :** हम लोगों ने बहुत सोच-विचारकर देख लिया, जो हालत है उसमें बूआजी को बतलाए बिना तुम्हारा नाटक करना असम्भव है।

**अनु :** *(चेहरे का रंग उतर जाता है)* तब?

**शम्भू :** दो उपाय हैं। पहला-बूआजी के विरोध के बावजूद करना। इससे तुम्हारे दादाजी, बाबूजी और खुद तुम्हें बहुत तकलीफ होगी। दूसरा उपाय उससे आसान है, यद्यपि उससे नाटक डूब जाएगा।

**अनु :** क्या उपाय है?

**शम्भू :** तुम्हारा नाटक न करना।

**अनु :** तब फिर वह रोल कौन करेगा?

**शम्भू :** निताई दा की बहू।

**अनु :** निताई दा की बहू!

**शम्भू :** आश्चर्य हो रहा है न? मुझे भी पहली बार सुनकर आश्चर्य हुआ था। कई कारणों से निताई दा की बहू यहाँ नहीं रहतीं और-और भी कई कारणों से हम लोगों को अभी तक निताई दा के ब्याह करने की बात का भी पता न था।

**अनु :** किन कारणों से?

**शम्भू :** पूरी बात नहीं पता। केवन इतना मालूम है कि निताई दा की एक स्त्री हैं, वे पहले दो-चार बार अभिनय कर चुकी हैं, जरूरत पड़ने पर आगे भी कर लेंगी। हम लोगों के लिए इतना ही जानना काफी है। क्यों, ठीक न?

**अनु :** *(गुस्सा होकर)* आपके लिए काफी हो सकता है पर- *(सहसा रुक जाती है)*

**शम्भू :** *(मीठे स्वर में)* बोलो, क्या कहते-कहते रुक गईं?

**अनु :** कुछ नहीं। कह रही थी-मुझे विश्वास नहीं होता।

**शम्भू :** तो क्या मतलब, मैं गप्प हाँक रहा हूँ?

**अनु :** हाँ। और आप नहीं तो निताई दा गप्प हाँक रहे हैं।

**शम्भू :** *(हँसकर)* ठीक कहती हो। पर यही बात कहकर सेन-दम्पती से लेकर तुम्हारी बूआजी तक को धोखा देना होगा।

**अनु :** और मुझे भी?

**शम्भू :** नहीं। तुम्हें बतलाने का कारण कुछ और है। वह मेरा प्लान सुनकर समझ जाओगी। पार्ट तुम्हीं करोगी, पर बूआजी को बोलने का न रहेगा। क्योंकि पार्ट तुम नहीं, निताई दा की बहू करेंगी।

**अनु :** फिर वही उलटी-पुलटी बात?

**शम्भू :** अरे बाबा, पूरी बात तो सुनो पहले। कल दोपहर से अनु अनु न रहकर निताई दा की बहू हो जाएगी।

**अनु :** *(कड़ी नजर से)* मतलब?

**शम्भू :** घबराओ मत। यह भी अभिनय होगा-बूआजी के लिए।

**अनु :** ओ, *(तनिक बाद)* यही आपका प्लान है?

**शम्भू :** हाँ।

**अनु :** निताई दा को मालूम है?

**शम्भू :** मालूम है।

**अनु :** बाबूजी को?

**शम्भू :** मालूम है।

**अनु :** बूआजी को इतना बेवकूफ समझा है? इस तरह क्या चुपचाप ब्याह होता है?

**शम्भू :** होता है–सिविल मैरेज।

**अनु :** उसमें भी तो नोटिस की जरूरत होती है?

**शम्भू :** नोटिस पहले से नहीं दी गई है, यह तो बूआजी से नहीं कहा गया है?

**अनु :** बूआजी सर्टिफिकेट देखना चाहेंगी।

**शम्भू :** तुम पर मेरी भक्ति बढ़ती जा रही है अनु! फूफाजी, चाचाजी, किसी ने यह बात नहीं उठाई।

**अनु :** चाहेंगी या नहीं, बोलिए।

**शम्भू :** जरूर चाहेंगी।

**अनु :** तब?

**शम्भू :** तब सर्टिफिकेट दिखाया जाएगा। *(जेब से सर्टिफिकेट निकालते हुए)*

**अनु :** *(एक नजर डालकर)* यह क्या किया है?

**शम्भू :** जालसाजी–एक प्रेस की सहायता से। दो नाम लिखने होंगे और जाली स्टाम्प मारना होगा। उसके लिए रात–भर का समय है।

**अनु :** नहीं, शम्भू दा, यह सब होगा नहीं। थिएटर होगा पर एक–न–एक दिन तो बूआजी को पता चलेगा ही। तब फिर दादाजी को पता चलेगा। इतना ही नहीं, इसके साथ और भी बहुत–सी बातें उनके कानों तक पहुँचेंगी। इससे तो कहीं अच्छा है कि बूआजी की परवाह न करके नाटक किया जाए।

**शम्भू :** यह लो। इतनी सीधी–सी बात तुम्हारे दिमाग में आई, पर चाचाजी या निताई दा के दिमाग में नहीं आई।

**अनु :** मतलब, आपके दिमाग में आई थी।

**शम्भू :** *(रुष्ट होकर)* देखो, तुम्हारे वकील फूफाजी ने मुझे मास्टर क्रिमिनल का सर्टिफिकेट दे रखा है। और तुम तुझे एकदम गावदू समझती हो?

**अनु :** फिर फालतू बात करने लगे। क्या उपाय सोचा है, सो बतलाइए।

**शम्भू :** बतलाता हूँ। अ...तुम...बैठो।

**अनु :** क्यों?

**शम्भू :** ऐसे ही।

**अनु :** बात क्या है?

**शम्भू :** सोचा था, एकबारगी झट से बोल दूँगा। पर–

**अनु :** पर क्या?

**शम्भू :** कुछ नहीं। अच्छा सुनो। *(अपने को सम्हालते हुए प्राय: एक झटके में बोल जाता है)* यदि सचमुच निताई दा के साथ तुम्हारा ब्याह हो जाए तो–

**अनु :** क्या?

**शम्भू :** *(अनु के स्वर में कुछ ऐसा था जिससे शम्भू का आत्मविश्वास हिल उठा, फिर भी वह एक साथ बोल गया)* निताई दा के साथ बातचीत करके मुझे आपत्ति नहीं है। तुम्हारे बाबूजी को कोई आपत्ति होगी, इसका कोई कारण समझ में नहीं आता। तुम भी निताई दा की बहू की बात सुनकर जरा देर पहले–

**अनु :** *(डाँटकर)* चुप कीजिए। *(शम्भू रुक जाता है। ज़रा देर निस्तब्धता रहती है। अनु दूसरी ओर घूमती है। फिर भी रुक-रुक कर बोलती है)* सबकी बातें सुन-सुनकर मुझे लगने लगा था कि आप में बुद्धि है। पर भूल। आप में तनिक भी बुद्धि नहीं है, रत्ती-भर भी नहीं, एकदम नहीं। *(अन्तिम बातें करीब-करीब चीखते हुए कहती है)*

**शम्भू :** *(दुर्बल स्वर में)* पर तुम...तुम तो–

**अनु :** *(बिना ध्यान दिए)* आप कुछ नहीं समझते। सब भूल, शुरू से ही सब–

*भीतर चली जाती है। शम्भू हत-चकित-सा बैठ जाता है। तनिक देर बाद भीतर से फूफा का प्रवेश।*

**फूफा :** अनु कहाँ है? *(शम्भू नहीं सुनता)* अरे ओ, मास्टर क्रिमिनल!

**शम्भू :** ऐं?

**फूफा :** षड्यंत्र कहाँ तक पहुँचा? तुम तो भले आदमियों की तरह

परेशानी में पड़े दिख रहे हो? क्या हुआ?

**शम्भू :** *(विह्वल भाव से)* तीन नम्बर की चाल...सब मिट्टी में मिल गया।

**फूफा :** क्या मिट्टी में मिल गया?

**शम्भू :** *(बड़े दुख की हँसी हँसकर)* आपकी भूल थी फूफाजी। मास्टर क्रिमिनल होने लायक तत्त्व मुझमें नहीं हैं।

**फूफा :** उहूँ! मैं सारी जिन्दगी क्रिमिनल कोड का वकील रहा हूँ। मुझसे भूल हो नहीं सकती। पर हुआ क्या?

**शम्भू :** सुनकर क्या कीजिएगा! पर मेरा सारा प्लान, षड्यंत्र सब बर्बाद हो गया बस एक भूल के कारण। चाल के हिसाब में भूल। मानव-चरित्र को समझने की भूल।

**फूफा :** किस मानव-चरित्र को समझने में भूल कर बैठे?

**शम्भू :** अनु के।

**फूफा :** स्त्री-चरित्र! बाबा!

**शम्भू :** बा...बा...क्यों?

**फूफा :** अभी तक घबराहट नहीं हुई थी पर अब होने लगी है। अवस्था क्या बहुत जटिल है? तुम्हारा चेहरा देखकर तो लग रहा है कि तुमसे सम्हल नहीं रही है। *(चुरुट सुलगाते हैं)*

**शम्भू :** मुझे भी ऐसा ही लग रहा है।

**फूफा :** हिम्मत मत हारो भाई। सोचो, अच्छी तरह हिसाब लगाकर सोचो। मैं जाता हूँ काशीपुर, तुम लोगों की बूआजी को लिवा लाने। देरी करने से नहीं चलेगा। यह लो, एक चुरुट सुलगाकर सोचो। *(चुरुट और दियासलाई देते हैं)*

**शम्भू :** मैं नहीं पीता फूफाजी।

**फूफा :** आज पी लो। तेज चुरुट है, काम हो सकता है। शॉक थैरेपी। *(जाते-जाते लौटकर)* वृद्ध वकील की छठी इन्द्रिय क्या कह रही है, जानते हो! *(शम्भू खुश है)* यदि स्त्री-चरित्र को समझने में भूल हो गई हो तो स्त्री-बुद्धि की शरण जाओ।

**शम्भू :** कहाँ मिलेगी स्त्री-बुद्धि?

**फूफा :** वह नहीं मालूम। जो लगा सो कह दिया, चुरुट था दे दिया।

मुझसे और कुछ की आशा मत करना।

*फूफा का प्रस्थान। शम्भू बैठकर सोचता है, उठकर सोचता है, पायचारी करते हुए सोचता है। फिर चुरुट सुलगाकर सोचने की चेष्टा करता है पर खाँसी आ जाती है। अनु का प्रवेश।*

**अनु :** शम्भू दा! *(हालत देखकर)* क्या हुआ? *(पास आकर पीठ सहलाती है)* कुछ कम हुआ? *(शम्भू गरदन हिलाकर बताता है कि कम हुआ)* क्या हुआ था? *(शम्भू चुरुट दिखाता है)* यह पीने की बुद्धि किसने दी? *(शम्भू बाहर के दरवाजे की तरफ दिखलाता है)* फूफाजी ने? *(शम्भू सिर हिलाता है। अनु चुरुट लेकर ऐश-ट्रे में फेंकती है)* बुद्धि को धुआँ दिया जा रहा था?

**शम्भू :** *(सरल भाव से)* हाँ।

**अनु :** कुछ मलतब सिद्ध हुआ?

**शम्भू :** नहीं।

**अनु :** होने की आशा है?

**शम्भू :** कम है।

**अनु :** *(अचानक कठोर होकर)* तब फिर और चेष्टा करने की जरूरत नहीं है। आप स्टेज सम्हालिए। मैं जरा पार्ट देख लूँ।

**शम्भू :** तुम पार्ट करोगी?

**अनु :** करूँगी।

**शम्भू :** बूआजी के बावजूद?

**अनु :** हाँ, बूआजी के बावजूद?

**शम्भू :** तुम्हारे दादाजी?

**अनु :** अब जो चाहे हो?

*मुन्ना-मुन्नी का नाचते-नाचते प्रवेश।*

**मुन्ना :** चाचाजी, माँ खाने को बुला रही हैं।

**मुन्नी :** कह रही हैं, खाना खाकर मेरी जान बख्शो।

**शम्भू :** चल भाग यहाँ से। शाम होते न होते खाना। *(बरामदे की ओर*

*जाते-जाते)* बोल दे, थोड़ी देर बाद आता हूँ।

**अनु :** आज अभी से खाना क्यों रे मुन्नी?

**मुन्ना :** चाचाजी ने दोपहर में खाया जो नहीं है।

**शम्भू :** *(डाँटकर)* कह रहा हूँ न, ऊपर जा! सुनाई नहीं पड़ता?

**मुन्ना :** *(चिल्लाकर)* हाँ, माँ ने कहा है यदि अभी तुरन्त न आए तो–

*शम्भू भगाता है, दोनों नाचते-नाचते भागते हैं। शम्भू फिर बरामदे की ओर जाता है।*

**अनु :** आपने दोपहर में खाना नहीं खाया है?

**मुन्ना :** खाया कैसे नहीं है। घर पर न खाने से क्या कलकत्ता शहर में और कहीं नहीं खाया जा सकता?

*शम्भू का प्रस्थान। अनु जरा देर चीजें इधर-उधर करती है। जाली सर्टिफिकेट टेबुल पर थी। उठाकर जरा देर देखती है, फाड़ने जाते-जाते कुछ सोचकर रुक जाती है। फिर ऐश-ट्रे से चुरुट उठाकर उसे मरोड़ती है और बड़ी बेरहमी से फेंक देती है। ठीक इसी समय शम्भू की भाभी का प्रवेश।*

**भाभी :** क्या हुआ? इतना गुस्सा क्यों?

**अनु :** *(सम्हलकर)* आइए भाभी। *(चुरुट को फिर से उठाकर ऐश-ट्रे में डालती है)*

**भाभी :** क्या है?

**अनु :** कुछ नहीं, चुरुट।

**भाभी :** चुरुट? चुरुट यहाँ कौन पीता है?

**अनु :** फूफाजी। पर यह चुरुट सुलगाया था आपके लायक देवर ने।

**भाभी :** शम्भू ने चुरुट पीना शुरू किया है?

**अनु :** शुरू नहीं किया है पर करने की कोशिश कर रहे हैं। चुरुट पीए बिना दिमाग नहीं खुलता।

**भाभी :** दिमाग हो तब तो खुले?

**अनु :** *(जल-भुनकर)* शम्भू दा को दिमाग नहीं है? शम्भू दा पूरे

पाड़े के दिमाग हैं। जितनी समस्याएँ हैं, सबको सुलझाने का भार उन्हीं पर है। थिएटर के क्षेत्र में दल के सभी लोग उनकी बुद्धि का लोहा मानते हैं–यहाँ तक कि बाबूजी और फूफाजी भी।

**भाभी :** *(हँसकर)* पर तुम भी मानती हो, ऐसा तो नहीं लगता!

**अनु :** बा...बा! मानती नहीं कैसे? शम्भू दा की अक्ल के बिना मेरा नाटक करना नहीं होगा। बूआजी को ठंडा नहीं किया जा सकेगा।

**भाभी :** क्या उपाय सोचा है, सुनूँ जरा! उसकी तो यह हालत है कि खाना खाने तक का ठिकाना नहीं। उसके चेलों से सवेरे से सुन रही हूँ–शम्भू ने कोई बहुत बड़ा प्लान बनाया है। पर क्या प्लान है, यह कोई नहीं जानता।

**अनु :** *(सर्टिफिकेट उठाकर)* यह है प्लान।

**भाभी :** यह क्या है? ब्याह का सर्टिफिकेट लगता है। नाम-धाम तो इस पर कुछ है नहीं।

**अनु :** जाली सर्टिफिकेट है। इसे दिखाकर बूआजी को धोखे में रखा जाएगा।

**भाभी :** अच्छा! पर बाद में जब पता चलेगा उन्हें, तब?

**अनु :** सीधा-सा उपाय। सचमुच ब्याह कर लेने से सब झंझट चुक जाएगा।

**भाभी :** भाई, उसकी बुद्धि की दाद देनी होगी–उपाय बुरा नहीं सोचा है।

**अनु :** *(नाराज होकर)* आप भी ऐसी बातें करती हैं भाभी? नाटक करना है, क्या इसीलिए जिस-तिस से ब्याह करती फिरूँगी?

**भाभी :** आ हा, केवल नाटक के लिए क्यों? और फिर जिस-तिस से ब्याह करने की बात भी तो नहीं है।

**अनु :** और नहीं तो क्या? मैं क्या खिलवाड़ करने की चीज़ हूँ? बूआजी मेरा ब्याह करवाने पर तुली हैं–एक काठ के उल्लू से, और शम्भू दा तुले हैं निताई दा से–मैं मानो–

**भाभी :** *(चौंककर)* क्या कहा? निताई से?

**अनु :** मैं मानो–मैं मानो एक–

**भाभी :** *(दाँत पीसकर)* गधा, एकदम गधा है, बिलकुल गोबर। वह गया कहाँ?

**अनु :** बाहर। लगता है, स्टेज बनवा रहे हैं।

**भाभी :** बस उतने ही की अक्ल है *(पीछे के दरवाजे की ओर जाकर)* शम्भू! शम्भू!

**शम्भू :** *(बाहर से)* क्या? अभी मुझे फुर्सत नहीं है।

**भाभी :** अभी सब 'फुर्सत नहीं है' निकालती हूँ तुम्हारा। फौरन आ जाओ, नहीं तो पछताओगे।

**अनु :** क्या हुआ भाभी? उनसे क्या कहिएगा?

**भाभी :** कहूँगी–तुम एकदम गधे हो।

*शम्भू का प्रवेश।*

**शम्भू :** हुआ क्या? इतना चिल्ला क्यों रही हो?

**भाभी :** तुम एकदम गधे हो।

**शम्भू :** गधा?

**भाभी :** एकदम गधा। चलो, खाना खाने चलो।

**शम्भू :** मैं...

**भाभी :** चुप! एक शब्द भी नहीं। सीधे ऊपर जाकर हाथ–मुँह धोओ। मैं आती हूँ।

*शम्भू चुपचाप बाहर के दरवाजे से निकल जाता है।*

**अनु :** क्या हुआ भाभी? मेरी समझ में कुछ नहीं आ रहा है?

**भाभी :** *(अचानक हँसकर)* तुम्हें समझने की जरूरत भी नहीं है। बूआजी कहाँ हैं?

**अनु :** काशीपुर। मुझे फाँसी पर चढ़ाने का इन्तजाम करने गई हैं। मैं आज बूआजी से कह दूँगी।

**भाभी :** क्या?

**अनु :** कहूँगी–मैं नाटक करूँगी, आपकी जो इच्छा हो कीजिए।

**भाभी :** *(हँसकर)* अच्छा, कहना। पर आज नहीं कल। हाँ, बदले में याद रहे तो यह कह देना कि कल दोपहर में तुम्हारे बाबूजी,

बूआजी, फूफाजी का खाना मेरे यहाँ है। तुम तो रहोगी नहीं, सुबह मौसी के यहाँ जा रही हो न!

**अनु :** अब मौसी के यहाँ जाकर क्या करूँगी?

**भाभी :** नहीं-नहीं, जाओ। मेरे यहाँ खाना बाद में खा लेना।

**अनु :** भाभी!

**भाभी :** हाँ, बोलो।

**अनु :** मुझे लगता है, आपके दिमाग में कुछ और है।

**भाभी :** कैसे लगा?

**अनु :** पता नहीं, पर लगता है।

**भाभी :** *(हँसकर)* यदि कुछ होगा भी तो उस गधे के दिमाग में जो है उससे तो अच्छा ही होगा। *(सर्टिफिकेट उठाकर)* याद करके कह देना। मैं भी कल सुबह आकर खुद कह जाऊँगी।

*सर्टिफिकेट फाड़ते-फाड़ते प्रस्थान। अनु देखती रह जाती है।*

**[ पर्दा ]**

# तृतीय अंक

## प्रथम दृश्य

*शनिवार। दोपहर। शम्भू टेबुल पर कुछ नक्शे बना रहा है। बरामदे से अनाथ का प्रवेश।*

**अनाथ :** निताई दा ने कहा है–अभी आ रहे हैं।

**शम्भू :** अच्छा। सुन, इस लिस्ट से मिलाकर सब चीज़ें स्टेज के पीछे दो बड़े टेबुलों पर सजाकर रख दे। सीन बाई सीन अलग करके रखना। और क्या-क्या आना बाकी है, मुझे झटपट बता जाना।

*अनाथ का प्रस्थान। शम्भू फिर नक्शा बनाने लगता है। तनिक सोचता है, फिर लम्बी साँस छोड़ता है, फिर बनाता है। निताई का चुपचाप सतर्कतापूर्वक प्रवेश–बरामदे के रास्ते से।*

**निताई :** यहाँ क्यों फिर? अपने घर या मेरे घर जाने से ही तो होता?

**शम्भू :** मेरा घर नहीं रहा।

**निताई :** क्यों, क्या हुआ? भाभीजी ने निकाल बाहर कर दिया?

**शम्भू :** हाँ, भाभी बूआजी लोगों को खिला रही हैं। इस समय यही कमरा निरापद है।

**निताई :** *(आश्वस्त होकर)* अच्छी बात है। *(सिगरेट सुलगाकर)* क्या कह रहे थे, बोलो!

**शम्भू :** निताई दा, हमारा सब प्लान चौपट हो गया। मैंने शुरू से ही भूल सोच लिया था। अनु राज़ी नहीं है।

**निताई :** राज़ी नहीं है? ये कुछ थोड़ी सी बातें कहने को राज़ी नहीं है?

**शम्भू :** कुछ थोड़ी-सी बातें कहने से ही तो बात खत्म नहीं हो जाती। अच्छा निताई दा, एक बात पूछूँ?

**निताई :** क्या बात?

**शम्भू :** तुम अनु से ब्याह करना चाहते हो?

**निताई :** मैं अनु से? तुम्हारा दिमाग खराब हो गया है!

**शम्भू :** शायद। या फिर भाभी जो कहती हैं, वही सही है।

**निताई :** क्या कहती हैं भाभी?

**शम्भू :** कहती हैं–मैं एकदम गधा हूँ।

**निताई :** गधा?

**शम्भू :** हाँ।

**निताई :** बन्दर नहीं?

**शम्भू :** नहीं।

**निताई :** घोड़ा नहीं?

**शम्भू :** नहीं।

**निताई :** गधा?

**शम्भू :** गधा।

**निताई :** ठीक सुना था?

**शम्भू :** ठीक सुना था।

*अनाथ का प्रवेश।*

**अनाथ :** चेयर आ गई हैं शम्भू।

**शम्भू :** लगाना शुरू कर दो। स्टेज से तीस फीट की दूरी रखना। बच्चों के बैठने के लिए शतरंजी आ गई?

**अनाथ :** अभी तक नहीं।

**शम्भू :** पाल कम्पनी में फोन करो–कहो, अभी चाहिए।

*अनाथ का प्रस्थान।*

**निताई :** तब क्या करोगे?

**शम्भू :** कुछ तै नहीं कर पा रहा हूँ। फूफाजी यदि एक बार बूआजी

को लेकर घूमने चले जाएँ तो बात बने। बस, यही आखिरी चेष्टा है।

**निताई :** वह होगा?

**शम्भू :** लगता नहीं।

**निताई :** अनु क्या कहती है?

**शम्भू :** अनु ने कहा है–नाटक करेगी। बूआजी को जो करना हो, करें।

*कुछ देर मौन।*

**निताई :** तुम्हारी भाभी ने तुम्हें गधा कहा है?

**शम्भू :** यह एक बात कितनी बार सुनना चाहते हो?

**निताई :** नहीं, सोच रहा था क्यों कहा?

**शम्भू :** ठीक ही कहा। और यह भी कहा है कि इसे लेकर मैं व्यर्थ माथा न लगाऊँ।

**निताई :** तब फिर कौन लगाएगा?

**शम्भू :** भाभी ने कहा जो करना है, वे करेंगी।

**निताई :** वे? वे माने कौन?

**शम्भू :** वे माने भाभी। मेरे भैया की बहू, मुन्ना-मुन्नी की माँ, नाम प्रतिमा बंद्योपाध्याय।

**निताई :** *(और भी गोलमाल करते हुए)* वे क्या करेंगी?

**शम्भू :** निताई दा, तुम तो मुझे पागल बनाकर छोड़ोगे। मैंने तुम्हें फिर से बुलाया है राय करने के लिए।

**निताई :** तुम नाराज क्यों हो रहे हो? यह क्या माथा गरम करने का समय है?

*प्रॉम्पटर का प्रवेश।*

**प्रॉम्पटर :** निताई दा, मैं किस ओर प्रॉम्प्ट करूँ?

**निताई :** ऐं? बाईं ओर से।

**प्रॉम्पटर :** किसकी बाईं ओर से?

**निताई :** अपनी बाईं ओर से। इस समय जा। काम की बात हो रही है।

**प्रॉम्पटर :** ऐक्टरों की बाईं ओर से या दर्शकों की बाईं ओर से?

**निताई :** *(गरम होकर)* सबकी बाईं ओर से। कहा न, इस समय काम की बात हो रही है।

*प्रॉम्पटर का प्रस्थान।*

**शम्भू :** माथा गरम मत करो निताई दा। माथा गरम करने से सब चौपट हो जाएगा।

**निताई :** हाँ, बोलो।

**शम्भू :** फूफाजी को बाहर जाना ही होगा।

**निताई :** बूआजी के साथ।

**शम्भू :** हाँ, बूआजी के साथ।

**निताई :** कहाँ?

**शम्भू :** यही तो सवाल है, कहाँ?

**निताई :** अच्छा, ठनठनिया कालीजी के दर्शन के लिए।

**शम्भू :** जाएँगी?

**निताई :** *(सन्देह के साथ)* तेरा खयाल है नहीं जाएँगी?

**शम्भू :** मुझे सन्देह है।

**निताई :** धर्म-कर्म में रुचि नहीं है?

**शम्भू :** हो सकता है हो पर उससे ज्यादा रुचि है हमें बर्बाद करने में।

**निताई :** तब कहाँ भेजा जाए? थिएटर में?

**शम्भू :** थिएटर में?

**निताई :** नहीं-नहीं, अपने थिएटर में नहीं। कहीं कुछ पौराणिक चल रहा है?

**शम्भू :** रंगमहल में शायद 'महिषासुरमर्दन' हो रहा है।

**निताई :** क्या लगता है? जाएँगी?

**शम्भू :** उहूँ। जो कुछ मर्दन करना है, यहीं बैठकर करेंगी।

*जगत का प्रवेश।*

क्या चाहिए अब?

**जगत :** शशांक गोली खाकर बाईं ओर के बदले यदि दाहिनी ओर

गिरेगा तो उस सीन में टेबुल से धक्का नहीं लगेगा?

**शम्भू :** वह मुझे मालूम है। *(नक्शा उठाकर)* नया डायग्राम यहाँ तैयार हो रहा है।

*जगत का प्रस्थान।*

एक मिनट यदि स्थिर होकर कोई सोचने दे तब न!

**निताई :** इधर जीवन-मरण की समस्या है।

*अनाथ का प्रवेश।*

**अनाथ :** टेबुल क्लाथ कम पड़ रहा है। और शराब की बोतल-

**शम्भू :** भैया अनाथनाथ, क्या मुझे बाद देकर तुम कोई भी काम नहीं सम्हाल सकते?

**अनाथ :** *(घबड़ाकर)* सम्हाल क्यों नहीं सकता? तुमने लिस्ट मिलाकर-

**शम्भू :** भूल हुई मुझसे। टेबुल क्लाथ न हो तो बिछाने की चादर टेबुल पर बिछा दो।

**अनाथ :** शराब की बोतल-

**शम्भू :** *(गरजकर)* बोतल न मिले तो दही का पुरवा रखने को कह दो-

*अनाथ का द्रुत प्रस्थान।*

जितने हैं सब-

**निताई :** माथा गरम मत करो शम्भू।

**शम्भू :** तुम कुछ कह रहे थे?

**निताई :** महिषासुरमर्दन। सो तुमने तो कहा कि होगा नहीं।

**शम्भू :** होगा। मगर रंगमहल में नहीं, यहीं। एक सिगरेट दो।

**निताई :** तुम तो पीते नहीं?

**शम्भू :** पीकर देखूँ, शायद कुछ काम बने। *(सिगरेट जलाकर खाँसना शुरू करता है)*

**निताई :** देखना, साँस न बन्द हो जाए।

**शम्भू :** *(खाँसते-खाँसते)* ठीक है।

**निताई :** क्या?

**शम्भू :** कालीघाट।

**निताई :** वह तो पहले ही कहा था मैंने–ठनठनिया की कालीजी। पर तुमने कहा–

**शम्भू :** *(खाँसी सम्हालते हुए)* उँह, कालीजी नहीं। मधु दा की लड़की।

**निताई :** मधु दा की लड़की?

**शम्भू :** मँझली।

**निताई :** मँझली! क्या बक रहे हो तुम?

**शम्भू :** उन लोगों के मधु दा की लड़की बीमार है न? वहाँ उसे देखने के लिए बूआजी और फूफाजी चले जाएँगे।

**निताई :** वह बीमारी तो तुम्हारी बनाई हुई है?

**शम्भू :** तो क्या हुआ! बूआजी को तो नहीं मालूम।

**निताई :** जाते ही तो पता लग जाएगा!

**शम्भू :** तो लगा करे। तब तक हम लोगों का नाटक पार हो जाएगा।

**निताई :** उसके बाद?

**शम्भू :** उसके बाद हाथ-पैर जोड़कर उन्हें ठंडा करने की कोशिश की जाएगी।

*बनानी का प्रवेश–बरामदे से। पीछे–पीछे मिस्टर सेन।*

**बनानी :** यह रहे निताई बाबू–

**निताई :** ऐं?

**बनानी :** शम्भू बाबू–

**शम्भू :** ऐं?

**बनानी :** चलिए, आप दोनों ही यहाँ हैं।

**निताई-शम्भू :** *(एक साथ)* हाँ।

**बनानी :** बाप रे, आप लोगों को कहाँ-कहाँ नहीं खोजा! निताई बाबू के यहाँ गए–शम्भू बाबू के फ्लैट में जा रहे थे तो मुन्ना-मुन्नी ने बतलाया कि वहाँ अनु की बड़ी बूआजी हैं सो

मैदान में स्टेज की तरफ गए–

**शम्भू :** अच्छा ही किया।

**बनानी :** वहाँ पता लगा कि आप दोनों यहाँ हैं सो...

**शम्भू :** बात क्या है?

**मि. सेन :** *(आगे आकर)* यह रहे टेबुल क्लाथ– *(टेबुल क्लाथ का बंडल-का-बंडल खोलकर दिखलाते हैं)* यह देखिए, हरा चेक पर रंग जरा माने गॉडी–

**बनानी :** पर दूसरे अंक के तीसरे दृश्य में मेरी साड़ी के साथ मैच करता। मैं इसीलिए कह रही थी कि...

**मि. सेन :** हरे रंग का एक और भी है–एम्ब्रायडरी–

**बनानी :** वह दूर से अच्छा नहीं लगेगा। फिर इधर कोने से जरा कट गया है। धोबियों की जो हालत है आजकल, नई-नई चीजें–वैसे इस हिस्से को पीछे की ओर करके बिछाने से चल जाएगा। पर क्या जरूरत है? दूसरा तो अच्छा है। गॉडी कहते हो? पर ऐसा क्या गॉडी है? आजकल तो कलरफुल चीज़ें ही ज्यादा चलती हैं।

**मि. सेन :** और दूसरा वाला?

**बनानी :** दूसरा वाला माने यह? क्या खयाल है निताई बाबू? पर इसके साथ मैच करती हुई तो एक भी साड़ी किसी भी दृश्य में नहीं पहन रही हूँ मैं।

**मि. सेन :** क्यों, तुम्हारी वह जार्जेट? जो अभी उस दिन खरीदी गई है? वह तो इसके साथ खूब अच्छी जाएगी।

**बनानी :** उसे निताई बाबू को दिखलाया था पर वे बोले जँचेगी नहीं।

**मि. सेन :** क्यों, इसी की तरह तो रंग है?

**बनानी :** नहीं-नहीं, टेबुल क्लाथ के साथ जँचने की बात नहीं, मेरे चरित्र के साथ नहीं जँचेगी।

**मि. सेन :** ओ! अच्छा-अच्छा। तब तो कैसे पहनी जा सकती है! अच्छा, यदि यह– *(एक और टेबुल क्लाथ उठाते हैं)*

**बनानी :** अ...(–) मिस्टर सेन, बहुत-बहुत धन्यवाद! ये दोनों बहुत

अच्छे लगेंगे। *(सामने जो दो टेबुल क्लाथ दिखे, उन्हें ही उठा लेता है)* शराब की बोतल मिली?

**मि. सेन :** हाँ, अनाथ बाबू को दे आया हूँ। एक जिन, एक रम, एक ब्रांडी और एक व्हिस्की की है पर सभी खाली हैं। हें-हें-हें...

**शम्भू :** हें-हें-हें-अच्छा तो फिर-

*अनाथ का प्रवेश।*

**अनाथ :** कोई आया है, अनु के फूफाजी को पूछ रहा है। कहता है एक जरूरी चिट्ठी देनी है। बाहर ताला लगा देखकर सीढ़ी पर बैठा था।

**शम्भू :** वे लोग बाहर ताला बन्द करके मेरे यहाँ गए हैं। वहीं लिवा जाओ।

*अनाथ का प्रस्थान।*

**मि. सेन :** अ...निताई बाबू, मिसेज मुखर्जी आ गईं?

**निताई :** मिसेज मुखर्जी?

**मि. सेन :** मतलब आपकी स्त्री-माने आपकी स्त्री की बात कह रहा था-

**निताई :** मेरी स्त्री। ओ हाँ, माने नहीं। पर आएँगी, जरूर आएँगी। किसी-न-किसी की स्त्री जरूर आएँगी।

**मि. सेन :** ठीक से समझा नहीं।

**शम्भू :** इसमें आपका दोष नहीं है। बड़ा जटिल व्यापार है। अ...आप हमारा एक उपकार कर सकते हैं?

**मि. सेन :** अरे वाह, कैसी बात करते हैं? बोलिए।

**शम्भू :** आपके यहाँ फूलदानी है?

**मि. सेन :** हाँ-हाँ, कितनी चाहिए?

**शम्भू :** बस दो। जरा जल्दी चाहिए। यदि हो सके तो, अभी ही...

**बनानी :** पीतल की या काँच की? चाँदी की भी है-मतलब जर्मन सिल्वर की वे दोनों जो हेना लोगों ने ब्याह के समय दी थीं?

**शम्भू :** हाँ-हाँ, बहुत बढ़िया रहेगी।

**मि. सेन :** जो सोने के कमरे में बाईं ओर के ताक पर रखी है?

**बनानी :** नहीं भाई। वह बाहर नहीं है, बक्से में बन्द है। चलो, मैं देती हूँ।

**शम्भू :** हाँ-हाँ, आप ही खोजकर दे दीजिए-

*बनानी और मि. सेन का प्रस्थान। निताई कुर्सी का कुशन उठाकर ज़ोर से ज़मीन पर पटक देता है। शम्भू कुछ कहना चाहता है।*

**निताई :** *(रोककर)* मालूम है, मालूम है, माथा ठंडा रखना होगा। मैं पूछता हूँ माथा...माथा क्या रेफ्रिजरेटर है?

*सिगरेट सुलगाने जाता है। बाहर से ताला खोलने की आवाज आती है। दोनों पत्थर हो जाते हैं। निताई के हाथ की दियासलाई की काठी जलती रहती है।*

**शम्भू :** निताई दा, जल्दी। *(खींचकर पीछे के दरवाजे की ओर ले जाता है)*

*फूफाजी का प्रवेश।*

**फूफा :** ओ, तुम दोनों यहीं हो!

**निताई :** *(बिना शब्द के केवल ओठों के इंगित से)* बूआजी?

**फूफा :** डरो मत। वे दोनों सोने का कमरा बन्द करके न जाने क्या गोपनीय बातें कर रही हैं!

**शम्भू :** कौन दोनों?

**फूफा :** तुम्हारी भाभी और तुम लोगों की बूआजी। *(चुरुट सुलगाने लगते हैं)*

**शम्भू :** अच्छा हुआ आप आ गए। सुनिए, आज शाम को बूआजी को लेकर आप बाहर जा सकते हैं? मान लीजिए, कालीघाट?

**फूफा :** वही बतलाने के लिए आया हूँ, केवल चुरुट पीने के लिए नहीं।

**शम्भू :** माने-कालीघाट जा सकेंगे आप लोग? मैं भी यही सोच

रहा था कि यदि आप मधु की मँझली लड़की को देखने...

**फूफा :** जाएँगे, पर कालीघाट नहीं, काशीपुर।

**निताई :** काशीपुर?

**फूफा :** हाँ। और मधु दा की लड़की को देखने नहीं वरन् मेरी बहन के पड़ोसी के लड़के को देखने।

**निताई :** मतलब?

**शम्भू :** ओ, समझा! वही लड़का?

**फूफा :** तुम्हारा दिमाग अभी भी सक्रिय है, क्यों? हाँ, वही लड़का। काशीपुर से अभी-अभी चिट्ठी आई है कि लड़के को कल सुबह पटना जाना है इसलिए आज रात को ही हो सके तो देख...

**शम्भू :** यह तो कालीघाट से कहीं अच्छा रहेगा! हम लोग सोच ही रहे थे कि बूआजी को कहीं भेजा जा सकता है क्या! अब...इस चिट्ठी के बाद बूआजी को जाना ही पड़ेगा, उपाय भी क्या है!

**फूफा :** हाँ, ठीक कह रहे हो।

**शम्भू :** आपको भी लगता है कि बूआजी जाएँगी?

**फूफा :** जाना ही पड़ेगा। पन्द्रह दिन के भीतर अनु के ब्याह का पक्का इन्तजाम करने की भीष्म प्रतिज्ञा की है। चिट्ठी में लिखा है-लड़का एक महीने के पहले लौट नहीं पाएगा।

**शम्भू :** निताई दा, मैं कह नहीं रहा था? सारी बदकिस्मती एक साथ नहीं आ जुटेगी। स्टैटिसटिक्स का नियम है।

**फूफा :** तुम लोगों की दृष्टि से यह सौभाग्य हो सकता है पर अनु की दृष्टि से क्या है, कहना कठिन है!

**शम्भू :** फूफाजी, मैं वचन देता हूँ-किसी तरह आज का काम उतर गया तो काशीपुर अनु का ब्याह न हो, इसकी पूरी कोशिश करूँगा। यदि लड़के को गायब करना होगा तो वह भी करूँगा।

**फूफा :** तुम्हारा प्लान तो एकदम चौपट हो गया न कह रहे थे?

**शम्भू :** वह इसलिए कि जिस बात की जानकारी नहीं थी, उसमें

हाथ डाला था। फिर वैसा नहीं होगा।

**फूफा :** गायब करना जानते हो, जो गायब करने को कह रहे हो?

**गायब :** जानता तो नहीं, कभी किया नहीं पर जान लूँगा। इस लाइन में पड़ने पर–

**फूफा :** चलो, हम लोग जा रहे हैं, अब सब अच्छे-अच्छे हो जाएगा। माने कम-से-कम तुम लोगों का थिएटर। अनु का अभिनय नहीं देख सकूँगा, इसी का दुख है।

*अचानक बूआजी का प्रवेश।*

**बूआ :** यह रहे। ठीक पकड़ा। चुरुट पीने उतरे हो।

**फूफा :** नहीं-नहीं, चुरुट के लिए क्यों–

**बूआ :** हाथ में चुरुट, मुँह में धुआँ–फिर भी कह रहे हो चुरुट के लिए नहीं?

**फूफा :** नहीं, भाई, यह देखो न! यह रही चिट्ठी मैं तो इसके लिए–

**बूआ :** चिट्ठी? कैसी चिट्ठी? *(पढ़कर)* हाँ, तुम किस दुख की बात कर रहे थे?

**फूफा :** दुख? ओ हाँ! यूँ ही बात की बात, इन लोगों से कह रह था कि इनका नाटक नहीं देख सकूँगा, उसी का दुख है। अब भागना होगा काशीपुर। ये लोग भी दुख कर रहे थे।

**बूआ :** अच्छा! तो इतना दुख करने की जरूरत है? देख लो।

**फूफा :** तो तुम अकेली जाओगी, नहीं-नहीं, सो कैसे हो सकता है?

**बूआ :** मैं जा रही हूँ, यह किसने कहा? मैं तो थिएटर देखूँगी।

**फूफा :**<br>**निताई :** *(एक साथ)* ऐं?<br>**शम्भू :**

**बूआ :** हाँ।

**फूफा :** पर काशीपुर?

**बूआ :** कल जाने से चलेगा।

**फूफा :** पर कल सबेरे ही लड़का पटना जा रहा है।

**बूआ :** तो उपाय क्या है? कोई आज रात में ही तो ब्याह हो नहीं सकता।

**फूफा :** नहीं, सो बात नहीं। पर वह तो एक महीने बाद लौटेगा?

**बूआ :** तो फिर एक महीने बाद होगा। नहीं तो दूसरा लड़का देखा जाएगा।

**फूफा :** पर तुम तो कह रही थीं कि पन्द्रह दिन के भीतर ही...

**बूआ :** देखो, मैंने जो कहा उसे लेकर तुम्हें माथा खपाने की जरूरत नहीं है। तुम्हें इतनी फिक्र है तो तुम चले जाओ काशीपुर। *(घूमती है)*

**फूफा :** मैं? अकेले जाकर क्या करूँगा?

**बूआ :** और कुछ नहीं तो मजे से चुरुट तो पी ही सकोगे! *(जाने लगती हैं)*

**फूफा :** अरे, भाई सुनो तो–

**बूआ :** सुनने को कुछ नहीं है। ऊपर वाली प्रतिमा ने मुझसे बहुत कहा है कि मैं नाटक देखूँ और मैं उसे वचन दे चुकी हूँ कि देखूँगी।

*बूआजी का प्रस्थान। फूफाजी पीछे–पीछे जाते हैं।*

**शम्भू :** *(चीखकर)* भाभी ने कहा है? भा...भी!

## द्वितीय दृश्य

*सन्ध्या। कमरे में कपड़े बिखरे हैं। एक बड़े शीशे की व्यवस्था की गई है। राजीव, शशांक और ध्रुवेश उत्तेजित होकर बातें कर रहे हैं। वे लोग नाटक के लिए उपयुक्त कपड़े पहने हैं।*

**राजीव :** ठीक से देखा है?

**शशांक :** और नहीं तो क्या!

**ध्रुवेश :** तुम्हें लगता है बूआफोबिया हो गया है। सब जगह तुम्हें बूआजी ही दिखती हैं।

**शशांक :** तुम जाओ न, खुद देख लो।

**ध्रुवेश :** मेकअप के साथ बाहर कैसे जाऊँ?

**शशांक :** पर्दे के पीछे से झाँककर देखो। ज्यादा खोजना नहीं पड़ेगा। एकदम सामने की रो में पूरा दल–का–दल बैठा है।

**राजीव :** दल–का–दल?

**शशांक :** बूआजी, फूफाजी, योगीन बाबू, शम्भू दा के भैया–भाभी सब। मुन्ना–मुन्नी सामने शतरंजी पर नाच रहे हैं।

*निताई का द्रुत प्रवेश।*

**निताई :** तुम लोग अभी तक यहीं हो? राजीव–शशांक ओपेन करेंगे– बस दस मिनट बाकी हैं। अनु कहाँ है?

**राजीव :** पता नहीं। भीतर होगी।

**निताई :** अनु! हो क्या?

**अनु :** *(भीतर से)* हाँ, आई। हो गया।

**शशांक :** निताई दा, तुम्हारे पास नाटक है? मुझे तो एक लाइन भी याद नहीं पड़ रही है।

**निताई :** तुम्हें अब क्या हुआ?

**ध्रुवेश :** बूआजी को सामने की रो में देखकर इसकी हालत खराब हो रही है।

**निताई :** बाहर प्रॉम्पटर से किताब लेकर झटपट देख लो। तुम लोग डुबाओगे।

*तीनों का प्रस्थान।*

यूँ ही झंझटों का अन्त नहीं। ऊपर से सबने पार्ट भूलना शुरू कर दिया।

*अनु का भीतर से प्रवेश।*

**अनु :** कितना बजा?

**निताई :** सात बजने में सात मिनट...।

**अनु :** ओह, तब तो ज्यादा देर नहीं लगी। मेरा पार्ट तो बहुत बाद में है।

**निताई :** बहुत बाद में क्या? सबको तैयार देखे बिना निश्चिन्त हुआ जा सकता है! शम्भू कहाँ है?

**अनु :** पता नहीं। आने के बाद से मैंने देखा ही नहीं।

**निताई :** तुम्हें आए कितनी देर हुई?

**अनु :** छह के पहले आ गई थी। आकर देखा शम्भू दा के कमरे में केवल मोती की माँ और मुन्ना-मुन्नी थे। भाभी एक चिट्ठी रख गई थीं।

**निताई :** क्या लिखा था चिट्ठी में?

**अनु :** 'खास कारण की वजह से बाहर जाना पड़ रहा है। लौटकर सीधे थिएटर में आऊँगी। तुम निश्चिन्त होकर तैयार हो सकती हो।'

**निताई :** बूआजी के बारे में कुछ नहीं लिखा था?

**अनु :** नहीं। हाँ लिखा था-ज्यादा चिन्ता मत करना।

**निताई :** ज्यादा चिन्ता मत करना-माइ गॉड *(सम्हलकर)* सुनो, तुम नर्वस मत होना, माथा ठीक रखना।

**अनु :** मुझे लेकर चिन्ता मत कीजिए, निताई दा! अब मुझे लगने लगा है कि कुछ भी होने से कुछ नहीं होगा।

**निताई :** खबर सुनी है?

**अनु :** क्या?

**निताई :** कि वे सब लोग सामने की रो में बैठे हैं।

**अनु :** वे सब लोग माने? बूआजी भी?

**निताई :** हाँ। नर्वस मत होना।

**अनु :** नर्वस होने को क्या है? यह तो जानती ही थी।

**निताई :** गुड! वेरी गुड! नर्वस होने से क्या फायदा! न हो तनिक देर स्थिर होकर बैठ रहो। मैं जरा देखूँ, वह कमबख्त शम्भू गया कहाँ-

*अनाथ का द्रुत प्रवेश। नौकर के कपड़े पहने है।*

**निताई** : अनाथ, शम्भू को देखा है?

**अनाथ** : हाँ, वह तो शुरू से ही स्टेज पर है।

**निताई** : उसका मेकअप हो गया है?

**अनाथ** : हाँ। शम्भू का कोट खोज रहा था। यह रहा।

*कोट लेकर अनाथ का द्रुत प्रस्थान।*

**निताई** : अभी तक कोट नहीं पहना है? क्या कर रहे हैं ये लोग? किस-किस ओर देखा जाए!

**अनु** : आप घबरा क्यों रहे हैं? मेरी और शम्भू दा की एंट्री तो करीब-करीब एक साथ ही है। अभी बहुत समय है।

**निताई** : बहुत समय कहाँ है? तुम्हारा क्या खयाल है, बूआजी ऑडिटोरियम में ही कुछ गोलमाल करेंगी?

**अनु** : लगता तो नहीं।

**निताई** : फिर भी? अचानक तुम्हें स्टेज पर देखकर-शॉक लगेगा तो?

**अनु** : पता नहीं। अब यह सब सोचने से क्या फायदा?

**निताई** : हाँ, सो तो है! सोचने से क्या फायदा! माथा ठंडा रखना ही जरूरी है। दो मिनट और हैं। मैं जाकर देख आऊँ एक बार। ठीक समय से कभी नाटक शुरू हो सकता है? शम्भू के कहने से क्या हुआ-

*कहते-कहते प्रस्थान। अनु जरा देर पार्ट याद करने की कोशिश करती है। फिर कागज फेंककर पीछे एक कोने में जाकर खड़ी होती है। शम्भू का प्रवेश। बहुत थका है। कन्धे का कोट कुर्सी पर फेंककर धम से माथा खुजलाता हुआ बैठ जाता है।*

**शम्भू** : ओह!

*अनाथ का प्रवेश। अनु को कोई भी नहीं देखता।*

क्या हुआ अनाथ?

**अनाथ** : कुछ नहीं। तुमने कहा था कि थिएटर के समय मेरे साथ-

साथ रहना। इसलिए तुम्हारे पीछे-पीछे भाग रहा हूँ।

**शम्भू :** *(थकी हँसी)* वह सब भूल जा। अब जरूरत नहीं पड़ेगी। अनाथ, सीन चेंज के समय यदि मैं कभी न रह सका तो तुम और जगत दोनों मिलाकर काम चला ले सकोगे?

**अनाथ :** क्यों नहीं चला सकेंगे? तुमने इतनी अच्छी तरह लिख दिया है, एकदम चित्र की तरह सब लगता है।

**शम्भू :** ठीक। अगली बार स्टेज मैनेजर तुम।

**अनाथ :** स्टेज मैनेजर? तुम्हारे रहते?

**शम्भू :** मैं? मेरा यह अन्तिम नाटक है।

**अनाथ :** सब यही कहते हैं। निताई दा भी कहते हैं।

**शम्भू :** तुम नहीं समझोगे अनाथ। निताई दा का कहना और मेरा कहना, एक नहीं है। तुम जाओ अब। मेरी एंट्री से पहले मुझे बुलाने को कह देना। अनु कहाँ है?

**अनाथ :** पता नहीं। बाहर होंगी।

**शम्भू :** देख लो कहाँ है। मेरी और उसकी एंट्री करीब-करीब साथ ही है।

*अनाथ का प्रस्थान। शम्भू फिर सिर झुकाकर बैठ जाता है। अनु आकर पीछे खड़ी हो जाती है।*

**अनु :** प्ले शुरू हो गया?

**शम्भू :** *(चौंककर)* कौन? ओ, तुम? मुझे चौंका दिया?

**अनु :** प्ले शुरू हो गया?

**शम्भू :** हाँ।

**अनु :** ठीक सात बजे?

**शम्भू :** हाँ, घड़ी की सुई से। यही एक काम तो ठीक कर पाया हूँ।

**अनु :** पता नहीं कैसा हो रहा है!

**शम्भू :** अभी तक पत्थर *(अंडे और सड़े टमाटर)* नहीं पड़े हैं। मेरे घुसने पर शायद पड़ें।

**अनु :** या फिर मेरे घुसने पर। बूआजी ही शायद सबसे पहले बड़ा

नम्बरी ईंटा खींचकर मारेंगी।

**शम्भू :** डर नहीं लग रहा है?

**अनु :** लग कैसे नहीं रहा है! और आपको?

**शम्भू :** मुझे क्या डर है? नुकसान तो जो होगा, तुम्हारा होगा।

**अनु :** *(तनिक रुककर)* शम्भू दा, आप बहुत नाराज हैं? नहीं?

**शम्भू :** नाराज हूँ? क्यों?

**अनु :** कल मैंने आपको जो मन में आया कह दिया था।

**शम्भू :** तुमने? याद तो नहीं पड़ता? भाभी ने जरूर दो-चार बातें सुनाई थीं पर बातें थीं एकदम सच।

**अनु :** अच्छा, आपने क्या सचमुच सोचा था कि निताई दा, माने मैं और निताई दा–

*अनु की बात सुनकर शम्भू ऐसे सिर पकड़कर बैठ जाता है जैसे किसी ने डंडा मारा हो।*

फिर क्या हुआ?

**शम्भू :** डंडा।

**अनु :** ठीक है, अब कुछ कहीं कहूँगी।

**शम्भू :** कल सारी रात केवल एक ही बात रटता रहा हूँ–गधा, गधा, गधा।

**अनु :** स्वप्न में?

**शम्भू :** स्वप्न में भी कहा जा सकता है। दुःस्वप्न। पर हाँ, आँखें दोनों एकदम खुली थीं।

*तनिक देर मौन। अनु धीरे-से शम्भू के बालों पर हाथ रखती है। शम्भू एक बार सिहरकर फिर पत्थर-सा बन जाता है।*

**अनु :** मतलब, कल सारी रात सोए नहीं?

**शम्भू :** उसमें क्या बड़ी बात है! वैसे भी जागता ही *(कड़वी हँसी)* जाली सर्टिफिकेट बनाने के लिए।

**अनु :** मैं भी कल सारी रात नहीं सोई हूँ।

**शम्भू :** *(तनिक रुककर)* बूआजी के कारण?

**अनु :** नहीं। बूआजी की बात अब मेरे दिमाग में एकदम नहीं है।

**शम्भू :** तब?

**अनु :** *(अचानक हाथ हटाकर दूर हो जाती है)* पता नहीं। ऐसे ही फालतू की बातें सोचते हुए। –आज सब लोग कहाँ गए थे?

**शम्भू :** क्या पता? दोपहर से भाभी को पकड़ने की कोशिश में हूँ पर वे हर समय बूआजी के साथ थीं। फिर सब लोग झुंड बनाकर बाहर निकले। लौटकर सीधे पंडाल में। वहाँ भी सब लोग साथ बैठे हैं।

**अनु :** भाभी का कोई मलतब लगता है।

**शम्भू :** *(तीखा पड़कर)* भाभी ने ही तो डुबाया है। नहीं तो इस समय बूआजी काशीपुर में आराम से बैठी सन्देश खाती होतीं। सो नहीं, भाभी ने उन्हें नाटक देखने के लिए न्योता दे दिया।

**अनु :** भाभी ने?

**शम्भू :** हाँ। और नहीं तो क्या कह रहा हूँ! बंकू बाबू औरतों के लिए अलग जगह करने को कह रहे थे। क्यों, वही नहीं किया?

**अनु :** उससे क्या होता?

**शम्भू :** कम-से-कम भैया को अलग पाता। या फूफाजी को।

**अनु :** उससे क्या लाभ होता?

**शम्भू :** क्या हो रहा है, कम-से-कम इसका कुछ तो अन्दाज लगता। देखो न लगता है, हम सब बारूद के बोरे पर बैठे हैं। कब तुम स्टेज पर जाओगी और बारूद में आग लगेगी।

*अनन्त का हाँफते-हाँफते प्रवेश।*

**अनन्त :** प्रमीला-ललित। प्रमीला-ललित। स्टेज कॉल। प्रमीला-ललित।

**शम्भू :** सब कायदा सीख गया है। स्टेज कॉल।

**अनन्त :** *(हँसकर)* तुम्हीं ने तो सिखाया है। *(पुकारकर)* प्रमीला–ललित। स्टेज कॉल। लेफ्ट विंग्स प्लीज।

*पुकारते–पुकारते प्रस्थान। निताई का प्रवेश।*

**निताई :** अरे, तुम लोग अभी तक यहीं हो? कमाल है!

**शम्भू :** घबराओ मत। अनन्त अभी–अभी स्टेज कॉल दे गया है। इसका मतलब अभी भी तीन मिनट बाकी हैं। कैसा जा रहा है?

**निताई :** लगता तो है कि धीरे–धीरे जम रहा है। प्रमीला के घुसते ही–अनु जाओ, अब देर मत करो।

*शम्भू और अनु का प्रस्थान। निताई काँपते हाथ से सिगरेट सुलगाने लगता है। शशांक का प्रवेश।*

**शशांक :** तुम यहाँ हो निताई दा? मैंने सोचा था तुम ऑडिटोरियम में बैठकर देख रहे होंगे।

**निताई :** वही कर रहा था। प्रमीला की एंट्री है इसलिए–

**शशांक :** मेरा कैसा रहा?

**निताई :** ठीक था। बस जरा स्टिफनेस थी।

**शशांक :** जरा! अरे, मेरे पेट के भीतर जो हो रहा था, उसका तुम्हें क्या पता! मैंने तो बूआजी लोगों की तरफ ताका तक नहीं।

*ध्रुवेश का प्रवेश।*

**ध्रुवेश :** जम रहा है निताई दा, जम रहा है। सो अभी तो प्रमीला गई ही नहीं है।

**निताई :** सो अभी तो प्रमीला गई ही नहीं है?

**ध्रुवेश :** राजीव ने जमा दिया है। पर तुम यहाँ क्यों? प्रमीला का देखोगे नहीं?

**निताई :** देखूँगा। जरा देर बाद जाता हूँ।

**ध्रुवेश :** मैं देखूँ जाकर। प्रमीला की ड्रैमेटिक एंट्री–मिस न हो जाए।

*ध्रुवेश भागता है।*

**शशांक :** निताई दा!

**निताई :** हूँ।

**शशांक :** अब तक प्रमीला जरूर चली गई होगी।

**निताई :** हूँ।

**शशांक :** ललित भी?

**निताई :** हूँ।

**शशांक :** प्रमीला के तुरन्त बाद ही तो ललित है?

**निताई :** हूँ।

*अनाथ दौड़ता हुआ आकर शम्भू का कोट लेकर हवा की तरह भागता है।*

अनाथ!

**अनाथ :** *(बाहर से)* आता हूँ।

**शशांक :** शम्भू कोट भूल गया था।

**निताई :** हूँ। *(दरवाजे तक जाता है पर हिम्मत नहीं पड़ती लौट आता है।)*

**शशांक :** निताई दा!

**निताई :** हूँ।

**शशांक :** कुछ सुनाई दे रहा है?

**निताई :** उहूँ।

*अनाथ का प्रवेश।*

**अनाथ :** क्या कह रहे थे निताई दा?

**निताई :** प्रमीला गई?

**अनाथ :** हाँ।

**निताई :** ललित?

**अनाथ :** बस, अभी–अभी गया है। कोट मिल गया ठीक समय से।

**निताई :** चूल्हे में जाए कोट। यह बता कि दर्शकों में किसी तरह का

रिएक्शन कुछ गोलमाल–प्रमीला के घुसने के बाद से?

**अनाथ :** कुछ सुनाई तो नहीं पड़ा। ठहरो, देखता हूँ।

*(प्रस्थान)*

**शशांक :** निताई दा!

**निताई :** ऊँ।

**शशांक :** *(भय से)* क्या होगा निताई दा?

**निताई :** ऐं? माथा ठंडा रखो। माथा खराब न करो।

*ध्रुवेश का दौड़ते हुए प्रवेश।*

**ध्रुवेश :** जमा दिया है, निताई दा। जमा क्या माने एकदम गजब कर दिया है।

**निताई :** बूआजी ने?

**ध्रुवेश :** नहीं–नहीं, प्रमीला ने, प्रमीला ने। शम्भू भी गजब ढा रहा है। रिहर्सल में तो किसी दिन ऐसा देखा नहीं।

**निताई :** जहन्नुम में जाए शम्भू! ऑडिटोरियम में क्या हो रहा है, सो बतलाओ।

**ध्रुवेश :** ऑडिटोरियम को साँप सूँघ गया है। कोई आवाज नहीं है।

**शशांक :** बूआजी क्या कर रही हैं?

**ध्रुवेश :** उधर नहीं देखा। मैं तो स्टेज देख रहा था। अब डर की कोई बात नहीं, निताई दा।

**निताई :** डर की बात नहीं है?

**ध्रुवेश :** बिलकुल नहीं। यह सीन यदि खराब होता तो मैं तो जरूर नर्वस हो जाता। अब तो मुझे भी कॉन्फीडेंस आ गया है। सेकंड सीन में ध्रुवेश को देखना

*दौड़कर प्रस्थान।*

**निताई :** ओ गॉड!

*अनाथ का प्रवेश।*

**अनाथ :** देख आया। सब पत्थर की तरह बैठे हैं।

**निताई :** बूआजी भी?

**अनाथ :** और लोग तो फिर भी थोड़ा-बहुत हिल-डुल रहे हैं पर बूआजी तो एकदम पत्थर हो गई हैं।

**शशांक :** क्या होगा निताई दा?

**निताई :** पत्थर माने गुस्से के मारे पत्थर हो रही हैं या पत्थर होकर देख रही है?

**अनाथ :** सो नहीं कह सकता।

**शशांक :** सुना नहीं, सब लोग थोड़ा-बहुत हिल-डुल रहे हैं पर बूआजी एकदम पत्थर हैं।

**निताई :** जा, फिर से अच्छी तरह देखकर आ। हाँ, जल्दी से बता जाना।

**अनाथ :** फर्स्ट सीन खत्म होने को आया। मैं अब और नहीं आ सकूँगा निताई दा। शम्भू कह गया है कि मुझे और जगत को सीन चेंज करना है। दो मिनट में पर्दा उठाना होगा।

**निताई :** अच्छा, जा।

*अनाथ का प्रस्थान।*

**शशांक :** कुछ समझ में आ रहा है निताई दा?

**निताई :** सीन खत्म होने पर समझ में आएगा।

**शशांक :** सीन खत्म होने पर बूआजी इधर आ सकती हैं क्या?

**निताई :** आ सकती हैं। प्रमीला और ललित तो यहीं आएँगे।

**शशांक :** *(थूक घोंटकर)* ओ!

*राजीव का प्रवेश।*

**शशांक :** निताई दा, मैं चलूँ बाहर। जरा पार्ट भी देख लूँ। थर्ड सीन के शुरू में ही मुझे...*(प्रस्थान)*

**निताई :** कापुरुष।

**राजीव :** कौन?

**निताई :** वही किशोर। बूआजी के डर के मारे भागा-यदि बूआजी यहाँ आ गईं तो!

**राजीव :** बूआजी यहाँ आएँगी क्या?

**निताई :** क्यों, तुम्हें भी डर लग रहा है?

**राजीव :** डर नहीं, पर स्टेज पर जाने से पहले उनका चेहरा न देखना ही अच्छा है। स्टेज से एक बार बूआजी पर नजर पड़ी तो पार्ट भूलने की नौबत आ गई। उसके बाद से ही ब्लॉक के एक तल्ले के नीचे नजर को आने ही नहीं दिया।

**निताई :** नजर पड़ी थी तब क्या दिखलाई पड़ा था?

**राजीव :** कुछ खास नहीं। बस लगा, अग्निदृष्टि से ताक रही हैं। स्टेज से शायद ऐसा ही लगता है।

**निताई :** एक बार ऑडिटोरियम के पीछे से देखूँ क्या?

**राजीव :** अब जाकर क्या होगा? सीन तो शेष होने को आया।

**निताई :** हाँ, सीन तो शेष हो रहा होगा।

*नेपथ्य से प्रचुर तालियों की आवाज।*

**राजीव :** ड्रॉप पड़ा। *(सिगरेट के अन्तिम दो कश लेकर सिगरेट राखदान में मसलते हुए)* मैं चलूँ मेरी ओपनिंग है।

*द्रुत प्रस्थान। निताई के बरामदे की ओर दो कदम जाते न जाते अनु का प्रवेश।*

**अनु :** *(थकी-सी)* ओह!

**निताई :** कुछ समझ में आया अनु?

**अनु :** क्या?

**निताई :** बूआजी?

**अनु :** बूआजी की ओर मैंने देखा ही नहीं। शम्भू दा पर्दे की ओट से देख रहे थे, देखकर मैं चली आई।

**निताई :** शम्भू देख रहा है? गनीमत है। और किसी को उधर का खयाल थोड़े ही है।

*नेपथ्य से अनन्त की आवाज–बनानी, स्टेज कॉल। राइट विंग्स।*

बनानी अब कौन से जहन्नुम में जाकर बैठी है, कौन जाने।

*शम्भू का धीरे-धीरे प्रवेश। मुँह पर विह्वल भाव।*

**शम्भू :** निताई दा!

**निताई :** क्या हुआ? हुआ क्या? जल्दी से बता।

**शम्भू :** बूआजी।

**निताई :** बूआजी क्या?

**शम्भू :** बूआजी ताली बजा रही हैं, खूब जोरों में। और उनके चेहरे पर...

**निताई :** चेहरे पर?

**शम्भू :** हँसी-हाँ, जोरों की हँसी।

*बैठ जाता है। निताई भी। अनु भी।*

**[ पर्दा ]**

## तृतीय दृश्य

*वही कमरा। दो घंटे बाद। निताई टेबुल पर पैर रखे सिगरेट पी रहा है। शम्भू का प्रवेश।*

**शम्भू :** चलो बाबा, मेरी स्टेज मैनेजरी खत्म हुई।

**निताई :** लास्ट सीन शुरू हो गया है?

**शम्भू :** बस, शुरू करवाकर आया हूँ।

**निताई :** मलतब, हो ही गया किसी तरह।

**शम्भू :** नाटक जो होना था, हो गया। हर सीन पर तालियाँ। प्रमीला की तो जै-जैकार हो रही है।

**निताई :** तुम्हीं ने उसके लिए कहा था न कि उसे जिम्मेदारी का ध्यान नहीं है?

*शम्भू केवल एक बार देखता है, कुछ कहता नहीं।*

बूआजी भी ताली बजा रही हैं?

**शम्भू :** बराबर। मैं, जगत और अनाथ बारी-बारी से नजर रखे हैं। एक सीन भी बाद नहीं गया?

**निताई :** कुछ समझ में आ रहा है?

**शम्भू :** कैसे आए? इन लोगों के पूरे दल का कोई गहरा षड्यंत्र लग रहा है। भाभी उन सबकी पंडा हैं।

*राजीव का प्रवेश।*

**निताई :** अरे, तुम यहाँ क्यों?

**राजीव :** घबराने की कोई बात नहीं। अनन्त ठीक समय पर बुला लेगा। जल्दी से एक सिगरेट दो।

**निताई :** *(सिगरेट देते-देते)* तुम लोग बहुत रिस्क लेते हो!

**राजीव :** अब और कुछ नहीं होगा, निताई। धीरे-धीरे नाटक अन्त तक पहुँच जाएगा। राजीव यदि जाना भूल भी जाए तो किसी को याद नहीं आएगा। थिएटर का यही तो मजा है।

**निताई :** ठीक है, पर अपनी एंट्री मत भूल जाना।

**राजीव :** पागल हूँ क्या? अन्तिम दृश्य की तालियाँ छोड़ सकता हूँ भला! सबसे ऊपर तो बूआजी भी तालियाँ बजा रही हैं। शशांक तक बहुत अच्छा पार्ट कर रहा है। पर हाँ, बूआजी की तालियों से पहले उसके पैर काँप रहे थे और दोनों घुटने खटाखट तबला बजा रहे थे, मैंने सुना था।

**निताई :** बाप रे, इतना सुख! कैसे बर्दाश्त होगा? शम्भू, तुम्हारी स्टैटिस्टिक्स क्या कहती है?

**शम्भू :** स्टैटिस्टिक्स कहती है-आँधी-पानी आनेवाला है।

**राजीव :** तुम लोग बड़े पेसिमिस्टिक हो निताई दा।

*अनाथ का प्रवेश।*

**अनाथ :** शम्भू, तुम्हारी भाभी ने यह चिट्ठी तुम्हें दी है।

**शम्भू :** चिट्ठी? यह तो प्रोग्राम है।

**अनाथ :** उसी में लिखा है।

*शम्भू पढ़कर निढाल हो जाता है।*

**निताई :** क्या बात है? क्या हुआ?

**शम्भू :** *(पढ़ता है)* "थिएटर के बाद कोई जाए नहीं। सब लोग अनु के यहाँ रुकें। बूआजी कह रही हैं, चाय पीकर जाना होगा–भाभी।"

*तनिक देर स्तब्धता।*

**राजीव :** तब? कह नहीं रहा था कि तुम लोग पेसिमिस्टिक हो?

**शम्भू :** निताई दा!

**निताई :** क्या?

**शम्भू :** पहली बार, पहली बार मुझे डर लग रहा है। विश्वास करो, सचमुच का भय। यदि मैं खड़ा होऊँ न तो मेरे घुटने भी तबला बजाने लगेंगे।

**राजीव :** रबिश।

**शम्भू :** अनाथ, रुको। *(जल्दी-जल्दी प्रोग्राम की उलटी ओर कुछ लिखने लगता है)*

**निताई :** क्या लिख रहे हो?

**शम्भू :** बताता हूँ। *(शेष करके)* "भाभी तुम्हारे पैरों पड़ता हूँ, तुम इस बार इधर आओ। और मत जलाओ। अभी तुरन्त आ जाओ, हाथ जोड़ता हूँ।" यह भाभी को देना। खबरदार, और किसी के हाथ में न पड़े।

**अनाथ :** सीन चल रहा है। सामने से कैसे जाऊँगा?

**शम्भू :** झुककर जा।

*अनाथ का प्रस्थान।*

**राजीव :** दुनिया का सारा डर तुम्हीं लोगों को है।

*जगत का प्रवेश।*

**जगत** : *(बत्तीसी निकालते हुए)* भीमापुकुर नाट्यसंघ का नाम रह गया, निताई दा। हर सीन पर तालियाँ, दो मिनट में सीन बदलना, घड़ी के काँटे से शुरू करना। पर ठीक समय से शुरू करने के कारण आधे लोग पहला सीन देख ही नहीं सके।

**शम्भू** : तो उन्हें ठीक समय से आने को किसने मना किया था?

**जगत** : उन्हें क्या मालूम था? अगली बार से देखना, लोग आधा घंटा पहले से आकर बैठ जाएँगे। अब कौन-सा नाटक होगा, निताई दा?

**शम्भू** : तू जा तो, बकबक मत कर।

**जगत** : बकबक क्या? आज जो हुआ–इसके तीन महीने के भीतर दूसरा नाटक न किया तो मेंशन के लोग तुम लोगों का फ्लैट छुड़वा देंगे, रहना मुहाल कर देंगे।

**शम्भू** : फ्लैट तो मैं ही छोड़ दूँगा, उसके पहले ही। सुन, तू जाकर सबसे कह दे, नाटक के बाद यहाँ आने के लिए।

**जगत** : यहाँ क्यों? स्टेज पर आराम से बैठकर गप्प मारी जाएगी। घनश्याम की दुकान पर कहा हुआ है, पर्दा पड़ते ही चाय आएगी।

**शम्भू** : कैंसेल कर दे, चाय यहाँ होगी।

**जगत** : यहाँ? यहाँ तो बूआजी हैं?

**शम्भू** : बूआजी ही चाय पिलाएँगी, उन्होंने न्योता दिया है।

**जगत** : ऐं?

**शम्भू** : मुँह बन्द कर। मक्खी घुस जाएगी।

**जगत** : बूआजी चाय पिलाएँगी! तुमने यह क्या किया शम्भू दा?

**शम्भू** : मैंने किया? जगत, मैं एक-दो-तीन बोलूँगा। उस बीच यदि तुम बरामदे में न चले गए तो अच्छा न होगा। एक-दो–

**जगत** : जा रहा हूँ, जा रहा हूँ। यही तो तुममें दोष है शम्भू दा! स्कीम ठीक-ठीक बनाते हो पर माथा ठंडा नहीं रख पाते!

**शम्भू :** तीन।

*जगत का द्रुत प्रस्थान। पुकारते-पुकारते अनन्त का प्रवेश।*

**अनन्त :** राजीव, स्टेज कॉल, लेफ्ट विंग। राजीव।

**राजीव :** आता हूँ।

*राजीव और अनन्त का प्रस्थान। नेपथ्य में तालियाँ।*

**निताई :** प्रमीला–फिर से।

**शम्भू :** हूँ।

*अनाथ का प्रवेश।*

**अनाथ :** कहा है–अभी थिएटर खूब जमा है, लास्ट सीन है, छोड़कर नहीं आ सकती।

**शम्भू :** थिएटर खूब जमा है। और इधर हम लोग–सुन अनाथ, तुझे एक बार और जाना पड़ेगा *(लिखकर)* यह ले जा।

**अनाथ :** फिर जाने से लोग सिर फोड़ देंगे।

**शम्भू :** न जाने से मैं तेरा सिर फोड़ दूँगा। जा बाबा, जल्दी जा।

*अनाथ का प्रस्थान।*

**निताई :** इस बार क्या लिखा?

**शम्भू :** लिखा–मेरी कसम, न आओगी तो तुम्हें पाप लगेगा।

**निताई :** ठीक किया।

*बनानी का प्रवेश।*

**बनानी :** अरे, निताई बाबू, आप यहाँ? मैंने सोचा था आप नाटक देख रहे होंगे।

**निताई :** अब तक देख ही रहा था। अभी आया हूँ।

**बनानी :** कैसा लगा? मेरा पार्ट?

**निताई :** बहुत अच्छा। पर आपका तो अभी और है न?

**बनानी :** हाँ, जरा-सा, शशांक को गोली लगने के बाद। मालूम है,

शुरू में मैं इतनी नर्वस हो रही थी। हर बार नाटक के पहले मुझे ऐसा ही लगता है। कॉलेज में मानमई गर्ल्स स्कूल में चपला का पार्ट करने के समय भी यही हालत थी। पर एक बार स्टेज पर जाने के बाद, जानते हैं ताज्जुब की बात है, सब एकदम ठीक हो जाता है। माने कम-से-कम मानमई गर्ल्स स्कूल के समय ऐसा ही हुआ था। पर इस बार, सच बतलाऊँ, पूरे पहले दृश्य में मेरा हाथ इस तरह काँप रहा था-कहने से आप विश्वास नहीं करेंगे।

**निताई :** नहीं-नहीं, करूँगा क्यों नहीं-

**बनानी :** थिएटर के पहले जो कांड हुआ। मुझे बनानी का पार्ट करना होगा या प्रमीला का, यह समझ में नहीं आ रहा था। इन्होंने कहा-तुम प्रमीला का पार्ट भी अच्छी तरह देख लो, एमर्जेंसी का मामला है, क्या हो न हो, कहा नहीं जा सकता। मैंने कहा-मजाक है क्या? प्रमीला का पार्ट कठिन न हो तो भी लम्बा तो है ही, प्रायः हर सीन में है। इन्होंने कहा-फिर भी तुम एक बार-फिर जब शम्भू बाबू ने कहा कि आपकी स्त्री आएँगी तो...

**शम्भू :** मिसेज सेन, आप लास्ट सीन मिस कर जाइएगा।

**बनानी :** नहीं-नहीं मिस करने से कैसे चलेगा। अभी ही जाना होगा मुझे-समझे शम्भू बाबू, कम-से-कम तब बनानी के पार्ट पर निश्चिन्त होकर कंसंट्रेट किया जा सका। इन्होंने जरूर कहा कि-बूआजी का मामला है, कब क्या हो-बस बूआजी की याद आई। पहले दृश्य में हाथ क्यों काँप रहा था, जानते हैं? बूआजी की नजर से नजर मिल गई थी। पर मालूम है, नाटक देखकर वे मुग्ध हो गई हैं। मुझे क्या लगता है, जानते हैं-आर्ट के प्रति उनके मन में कहीं गहरे कोई लगाव है-

**निताई :** आपका समय आ गया मिसेज सेन। शशांक मरने ही वाला है।

**बनानी :** नहीं-नहीं, अभी मरने में देर है। मरने से पहले उसे बहुत

बातें करनी हैं। इसीलिए मैंने कहा–समझे निताई बाबू–क्या कह रही थी मैं?

**शम्भू :** अ...आर्ट की कुछ बात...

*अनाथ भाभी को पहुँचाकर जाता है।*

**भाभी :** कोई मतलब होता है इस तरह–

**बनानी :** मिसेज बैनर्जी, कैसा लग रहा है मेरा? माने हम लोगों का अच्छा हो रहा है न?

**भाभी :** आपका बहुत अच्छा हुआ है।

**बनानी :** अरे नहीं, क्या कह रही हैं आप! अब तो कुछ कर ही नहीं पाती। कॉलेज में थी तब फिर भी कुछ...कितनी पुरानी बातें ही गईं। मैं तो करती ही नहीं, पर निताई बाबू ने कह-सुनकर पकड़ ही लिया। और इन्होंने भी कहा...

**अनन्त :** *(पीछे से)* बनानी, स्टेज कॉल, लेफ्ट विंग्स, बनानी स्टेज कॉल–

**निताई :** आपकी पुकार पड़ गई है। जल्दी जाइए।

**बनानी :** यह क्या, इतनी जल्दी? हाँ, अभी गई। अच्छा मिसेज बैनर्जी, बाद में बातें होंगी। अभी पूरा नहीं हुआ है, लास्ट सीन तक है। और यही दृश्य मुझे सबसे कठिन लगता है।

**निताई :** देरी मत कीजिए मिसेज सेन।

**बनानी :** बस, अभी। हाँ तो मिसेज बैनर्जी, निताई बाबू, शम्भू बाबू, आप लोग विंग्स में आइए न। देख पाइएगा–

**शम्भू :** हाँ, अभी आए। आप चलिए आगे–

*प्राय: ठेलकर बनानी को बाहर करता है।*

**भाभी :** क्या चाहिए, जल्दी बोलो। अन्तिम दृश्य नहीं देख सकी। कोई माने होता है?

**शम्भू :** भाभी, बात क्या है खोलकर बतलाओ। हम लोगों की जान निकली जा रही है।

**भाभी :** हँह, तुम्हारी क्या जान निकल रही है? जान तो मेरी निकल रही है। सारा झमेला मेरे सिर पर डालकर बैठ गए हो।

**शम्भू :** भाभी जल्दी से बतलाओ। शशांक मरने ही वाला है, तुम देख नहीं पाओगी।

**भाभी :** शशांक मरने वाला है। तो मैं चलूँ–

**शम्भू :** *(रोककर)* बतलाकर जाओ, मैं तुम्हारे हाथ जोड़ता हूँ।

**भाभी :** अब बस करो तो। बोलो, क्या बतलाऊँ?

**शम्भू :** बूआजी ताली क्यों बजा रही हैं?

**भाभी :** वाह! बजाएँगी नहीं? अनु कितना बढ़िया कर रही है। तुमने देखा? या यहीं बैठे गप्पें मार रहे हो?

**शम्भू :** भाभी, मैं तुम्हारे पैरों पड़ता हूँ...

**भाभी :** ओफ ओह! अब बस भी करो।

**शम्भू :** तो बतलाओ।

**भाभी :** क्या?

**शम्भू :** बूआजी को तुमने क्या किया?

**भाभी :** करना क्या था? उन्हें एक प्रस्ताव दिया और उस पर वे राजी हो गईं।

**शम्भू :** प्रस्ताव? क्या प्रस्ताव?

**भाभी :** वह सब कल बतलाऊँगी–अभी चलूँ।

**शम्भू :** भाभी, मैं तुम्हारे पैरों पर नाक रगड़ता हूँ...

**भाभी :** चु...प। बतलाती हूँ। मैंने अनु के ब्याह का प्रस्ताव रखा।

**शम्भू :** किसके साथ?

**भाभी :** तुम्हारे और किसके? बुद्धू–बसन्त।

*भीतर से गोली की आवाज आती है।*

हे भगवान, यह क्या?

**निताई :** शशांक मरा।

**भाभी :** मर गया? देखा। मैं देख भी न सकी।

**शम्भू :** *(गोली मानो इसे ही लगी है)* भाभी!

**भाभी :** नहीं, अब और नहीं।

**शम्भू :** भाभी, तुम–मैं–अनु...

**भाभी :** हाँ–हाँ, सब लोग। पर मैं चली...

**शम्भू :** अनु मुझसे ब्याह करेगी ही क्यों?

**भाभी :** सो तो वहीं जाने। हाँ, वैसे दिमाग दुरुस्त रहने से कोई भला तुम्हें पसन्द कर सकता है?

**शम्भू :** तुम भूल कर रही हो–

**भाभी :** देखो? अब तुम तो मुझे अक्ल मत सिखाओ। तुम्हारी सर्टिफिकेट मैंने गुस्से में फाड़कर फेंक दी नहीं तो वह तो मढ़वाकर तुम लोगों के शयनघर में टँगवाने लायक थी।

*प्रस्थान। निताई हँसना शुरू करता है–अट्टहास।*

**शम्भू :** निताई दा, रुको। तुम बन्द करो नहीं तो–नहीं तो तुम्हारा गला टीप दूँगा।

**निताई :** हा–हा–हा! भाभी! हा–हा–हा! वाह, भाभी, वाह!

**शम्भू :** निताई दा!

**निताई :** हा–हा–हा! भाभी, जिन्दाबाद।

*अनन्त का पुकारते हुए प्रवेश।*

**अनन्त :** डायरेक्टर, कर्टेन कॉल। डायरेक्टर, कर्टेन कॉल। निताई दा, बस पर्दा पड़ने ही वाला है। जल्दी आइए।

**निताई :** चलो। हो–हो–हो! चलो।

*निताई का हँसते–हँसते प्रस्थान।*

**अनन्त :** शम्भू दा चलो, कर्टेन कॉल।

**शम्भू :** मैं कर्टेन कॉल में नहीं रह सकूँगा, तुम निताई दा से कह देना।

**अनन्त :** ऐसा भी कहीं हो सकता है? तुम ललित हो, फिर मंच व्यवस्थापक–

**शम्भू :** सुनो तो...

*जगत और अनाथ का प्रवेश।*

**जगत :** शम्भू दा, तुम अभी तक यहीं हो?

**अनन्त :** शम्भू दा कह रहे हैं नहीं जाएँगे।

**जगत :** नहीं जाएँगे, माने? माथा खराब है क्या?

**शम्भू :** मैं नहीं जा सकता–

**जगत :** जा कैसे नहीं सकते! चल नहीं सको तो हम लोग कन्धों पर उठाकर ले चलेंगे। अनाथ! अनन्त!

*शम्भू भागना चाहता है। तीनों उसे घेरकर खदेड़कर पीछे के दरवाजे से बाहर ले जाते हैं।*

*[यवनिका]*

*यवनिका पड़ने के साथ ही साथ निताई बाहर आकर नमस्कार करता है।*

**निताई :** भीमापुकुर मेंशन नाट्य संघ द्वारा प्रस्तुत नाटक 'कालबैसाखी' यहीं समाप्त होता है। जाने से पहले आप लोगों से दो-एक बातें कहना चाहता हूँ। हम लोगों की यह पहली चेष्टा थी। हमसे जो भूलें और त्रुटियाँ हुई हों, उन्हें आप अपनी उदारता से माफ कीजिएगा। शायद आप लोगों को मालूम होगा कि एक नाटक को खेलने का निर्णय करने से लेकर खेलने तक के बीच कितनी बाधा-विपत्तियाँ आ जुटती हैं। हम लोगों के सामने भी बाधा-विपत्तियाँ आईं और हम सबका समाधान नहीं कर सके। वरन्...खैर छोड़िए! हम लोग अन्त में यह नाटक कर सके, इसके लिए हम अपने कलाकारों, सहयोगियों एवं अन्यान्य शुभचिन्तकों के आभारी हैं जिनके सहयोग के बिना काम पूरा होना असम्भव होता। और आप सबको मैं अपनी ओर से तथा अपने सब साथियों की ओर से धन्यवाद देता हूँ, जिन्होंने चन्दा देकर, अन्त तक बैठे रहकर और तालियाँ बजाकर हमारे उत्साह को बढ़ाया है। नमस्कार!

*निताई की बात खत्म होते-होते पर्दा खुलता है। मंच*

पर अर्द्ध चन्द्राकार रूप में क्रम से प्रॉम्पटर, ध्रुवेश, राजीव, मुन्नी–मुन्नी के साथ भाभी, अनु, बूआजी, फूफाजी, योगीन, शशांक, बनानी, मिस्टर सेन और अनन्त खड़े हैं। पीछे की ओर भाभी और अनु के बीच थोड़ी जगह खाली है। इन लोगों के नमस्कार करने के बाद अनाथ और जगत बरामदे के दरवाजे से शम्भू को खींचकर लाते और बीच में खड़ा कर देते हैं। प्रणाम करके जगत प्रॉम्पटर के पास और अनाथ अनन्त के पास जाकर खड़े होते हैं। इस बीच निताई भाभी के पास जाकर खड़ा हो गया है। शम्भू घूमकर भागने की चेष्टा करता है तो निताई उसे पकड़कर अपने और अनु के बीच खड़ा कर देता है। तत्पश्चात् समवेत अभिवादन और पर्दा।

□□□